Reçu en échan[...] [...]
d'Antoine - Noë[...]

STÉPHANE LAPORTE

Chroniques du dimanche TOME 3

Les Éditions
LA PRESSE

Catalogage avant publication de Bibliothèque et Archives Canada

Laporte, Stéphane, 1961-

Chroniques du dimanche. Tome 3

Comprend un index.

ISBN 2-923194-37-3
1. Anecdotes. I. Titre.

PN4838.L363 2006   070.4'44   C2006-941864-0

Auteur
Stéphane Laporte

Conception graphique
Bernard Méoule

Infographie
Francine Bélanger

Correction d'épreuves
Martine Pelletier

Les Éditions La Presse

Président
André Provencher

Directeur de l'édition
Martin Rochette

Adjointe à l'édition
Martine Pelletier

Dépôt légal – Bibliothèque et Archives
nationales du Québec, 2006
Dépôt légal – Bibliothèque et Archives
Canada, 2006
3e trimestre 2006
ISBN 2-923194-37-3

Imprimé et relié au Canada

Les Éditions
LA PRESSE

7, rue Saint-Jacques
Montréal (Québec)
H2Y 1K9

1 800 361-7755

L'Éditeur remercie la Société de développement des entreprises culturelles (SODEC)
pour son aide financière dans le cadre de ses
activités de promotion et d'édition.

L'Éditeur remercie le gouvernement du
Québec de l'aide financière accordée à
l'édition de cet ouvrage par l'entremise du
Programme de crédit d'impôt pour l'édition
de livres, administré par la SODEC.

« Nous reconnaissons l'aide financière du
gouvernement du Canada par l'entremise
du Programme d'aide au développement
de l'industrie de l'édition (PADIÉ) pour
nos activités d'édition. »

À Marie-Pier...

Préface en forme de poême
pour un auteur en forme de ti-cul...

dans le journal de mon dimanche
vapeurs café mauvaises nouvelles
le monde est encore à chercher
la clé qui ouvre l'arc-en-ciel

les informations inutiles
se font la guerre à tour de page
un p'tit clin d'œil me s'rait utile
un p'tit sourire un p'tit nuage

un œil coquin attire le mien
une étincelle dans la vignette
t'à coup que j'lis
t'à coup qu'c'est drôle
t'à coup qu'j'oublie mon café frette

et là ça part dans tous les sens
la vie l'humour l'amour la mort
de grands éclats d'intelligence
dans des p'tites phrases qui rient toutes seules

quand il nous parle de son enfance
y'a des odeurs dans la cuisine
on connaît toutes les références
on est dans la maison voisine

son terrain de jeu c'est la vraie vie
le sport l'amour la politique
on est ses chums il nous fait rire
ou bien pleurer comme d'la musique

il voulait devenir avocat
c'est le barreau qui doit êt'triste
nous autres on gagne un humoriste
(j'sais pas pourquoi, j'aime pas c'mot-là)

Stéphane Laporte j'te dis merci
d'endimancher notre essentiel
merci d'êt'là comme un ami
comme un ti-cul professionnel

michel rivard octobre 2006

Table des chroniques

Marie-Pier et la mer

Je ne sais pas quel jour on est. Mardi ? Mercredi ? Quelle différence ? En vacances, il n'y a pas de jours. Il n'y a que le temps. Et aujourd'hui, il fait beau. Très beau. Le bateau a mouillé près des rives de la Corse, à une heure de Bonifacio. Nous avons trouvé une petite plage déserte. Et nous nous baignons dans la Méditerranée.

Dans mon cas, se baigner est un grand mot. Avec mon mal de dos et mes petites jambes blanches, je ne nage pas, je barbote. Comme une barbote déjà cuite. Pourtant, j'aimerais tant fendre les vagues comme Ian Thorpe, traverser l'océan comme Tarzan, pour impressionner celle qui est à mes côtés !

Mais je ne suis pas capable. Moi qui aime tant pouvoir tout faire, pouvoir dépasser mes limites, pour l'instant, je ne peux faire que la planche. Un « 2X4 » à la dérive. Mais Marie-Pier me regarde quand même et me sourit.

Et moi, c'est bizarre comment je me sens. D'un côté, je me sens tellement innocent, avec mon gilet de sauvetage et mon manque d'élégance... Mais d'un autre côté, je me sens comme un géant, comme un héros. Comme le plus chanceux des hommes. Parce que c'est comme ça qu'on se sent, quand Marie-Pier vous sourit tendrement.

Il faut que je vous parle d'elle. C'est l'être le plus fascinant que j'aie jamais rencontré. Elle a les yeux verts avec des fragments orange tout autour. On dirait des fleurs. Des tournesols dans le regard. Qui se tournent vers vous et, du coup, vous croyez être le soleil.

Oui, des yeux verts avec des fragments orange tout autour. On dirait aussi une paisible forêt en feu. Et ça lui va bien. C'est la fille de tous les paradoxes. C'est un clown et une âme triste. Une manifestante pour la paix et un soldat de l'armée canadienne (oui, oui, c'est vrai). Une sportive qui s'en va en littérature. Une grande parleuse qui aime le silence. Une fille de groupe solitaire. Une égoïste qui pense aux autres. Une fonceuse qui doute.

Une douteuse qui fonce.

Elle s'appelle Marie-Pier. Un nom de fille et un nom de gars. La douceur et la force. Tout ça dans la même jolie personne. Un monde entier dans un seul être. Et je ferai tout pour la rendre heureuse. Mais ce ne sera pas facile. C'est sûr. Comment rendre heureux le monde entier ? En l'aimant. Entièrement. Comme je l'aime.

En ce moment, je la fais rire, avec mes ébats aquatiques. Elle s'approche de moi et vient à ma rescousse. Comme une maman dauphin avec son petit. Elle m'emmène dans le courant. Et je suis bien. Dans l'eau. Sous le soleil. Avec plein d'amour.

Il n'y a pas si longtemps, je n'aurais jamais osé avoir l'air ridicule. Surtout devant l'être aimé. Je serais resté sur le bateau et je l'aurais regardée se baigner. En passant un peu à côté de la vie. À côté du bonheur. Mais Marie-Pier me donne le goût de me lancer tel que je suis. Parce qu'elle m'aime comme je suis. C'est sûr qu'au fond, moi, je me dis que Marie-Pier préférerait peut-être un compagnon de baignade plus athlétique.

Mais quand je la regarde dans les yeux, elle réussit à me faire croire que ce n'est pas si important. Et elle a raison.

L'important, c'est que je traverserais la mer pour elle. Même en barbotant.

Le soleil se couche sur le port de Bonifacio. Nous soupons sur le pont. Avec vue sur les remparts de la ville fortifiée. C'est beau. C'est magnifique. Mais le plus paumé des recoins serait beau aussi si je le voyais dans les yeux de Marie-Pier. De tous les voyages, le plus merveilleux sera toujours l'amour. Oh, je sais qu'il peut mal tourner. Qu'une tempête peut se lever. Qu'elle peut vous emporter. Vous échouer. Mais c'est le risque d'aimer.

Bien sûr, on est plus en sécurité sur le pont. Plus en contrôle. Mais jamais heureux.

À tous les amoureux, je vous souhaite de belles vacances et un long, très long voyage.

Les parents

Il y a les parents de la jeune victime, pour qui la fin du monde est arrivée le mercredi 13 septembre 2006. Au Collège Dawson, là où leur enfant allait étudier. Là où leur enfant a été tuée. Pas dans un bar. Pas dans une ruelle. Pas à New York. Pas en Afghanistan. Dans leur ville, dans une école. Là où leur enfant était censée être en sécurité plus que n'importe où ailleurs. Ces parents-là ont le cœur transpercé. Leur vie vient de changer pour toujours. La douleur insoutenable qu'ils ressentent, elle restera en eux à jamais. Ils vont juste s'y habituer, un peu. À peine. Les enfants ne sont pas censés partir avant ceux qui les ont créés. Ils ne peuvent même pas se consoler en disant « c'est la vie ». Le drame de Dawson, ce n'est pas la vie, c'est l'horreur.

J'offre à ces parents toute ma sympathie.

Il y a les parents qui arpentent les corridors de l'Hôpital général de Montréal parce que leur enfant y est entre la vie et la mort. Ces parents-là ont le cœur à « pause ». Si le gamin s'en sort, ça va être le bonheur. Si le gamin... Ça va être tout le contraire. Pour eux, la fusillade de Dawson n'est pas terminée encore. Le film continue. Autour, le monde reprend ses habitudes. Certains font de grandes analyses. Les politiciens font de la politique avec tout ça. Et plusieurs ont déjà zappé aux frasques du pape ou à l'œil de Saku. Mais pour les parents des grands blessés, on est toujours mercredi. Ils ne savent pas encore si le film finit bien ou mal. Leur vie, comme celle de leurs enfants, est entre les mains des médecins.

Je prie avec ces parents pour que leurs enfants aillent bien.

Il y a tous les parents des élèves du Collège Dawson qui ont paniqué, mercredi en début d'après-midi. Parce que leur enfant était là, au mauvais endroit au mauvais moment. Et qui ont eu le bonheur de les retrouver. Sains et saufs. Et qui les ont serrés dans leurs bras. Et qui ont pleuré avec eux. Ces parents-là ont le cœur retourné. Secoué, brassé, tout mêlé. Heureux que rien de grave ne soit arrivé à leur progéniture. Mais choqués, scandalisés, horrifiés, de ce qu'ils ont vécu durant de trop longues minutes. C'est génial de revenir de l'enfer, mais on en ressort toujours avec la peur du feu. Il faudra beaucoup de temps pour que ces parents s'en remettent. Ils ne seront peut-être plus jamais rassurés. La vie a joué avec eux. Elle leur a montré que le pire pouvait se produire. Puis elle leur a redonné le meilleur. Comme un *happy ending*. Mais le film n'est jamais fini. Et ces *flash-back* seront terribles. Mais au moins ils auront la chance de se faire de beaux souvenirs avec leurs enfants. Plein de beaux moments à mettre par-dessus les images du 13 septembre. Pour les enfouir le plus loin possible. Et que triomphe la vie.

Je souhaite à ces parents tout le bonheur du monde avec leurs enfants retrouvés.

Il y a les parents de Kimveer Gill. Mercredi matin, ils étaient les parents d'un gars de 25 ans. Aujourd'hui, ils sont les parents d'un tireur fou. Ces parents-là ont le cœur caché. Eux aussi ont perdu leur enfant. Mais ils n'auront pas droit à la compassion de l'entourage. Pas de sympathie. Juste de la curiosité. Malsaine.

Je leur souhaite la paix.

Et il y a tous les parents du Québec qui, durant le drame, se sont vus à la place des parents des élèves de Dawson. Et qui ont capoté rien qu'à imaginer que ça aurait pu leur arriver à eux. À leurs petits. Et qui se demandent pourquoi. Pourquoi on vit dans un monde comme ça ? Ces parents-là ont le cœur inquiet. Un peu plus.

Je pense à eux. Je pense aux parents.

À ce lien si serré. À ce fil si fragile. Qui les unit à leurs enfants.

À cette tâche monumentale d'être le début de quelqu'un.

C'est pas facile d'être parent. D'être responsable de l'existence d'un être vivant. C'est énorme. Votre enfant ne serait pas là sans vous. Vous avez décidé de le mettre au monde. Sans le consulter. Alors, bien sûr, après, tout ce qui lui arrive, c'est un peu beaucoup de votre faute. Bonjour l'angoisse ! Bon, faut pas virer fou avec ça. Faut savoir couper le cordon. Après tout, l'enfant fait ses choix. Mais c'est souvent en accord ou en réaction avec les vôtres. On ne s'en sort pas. Ma mère, mon miroir. Mon père, mon tiroir.

Si tous les parents du monde faisaient plus attention à leurs enfants, à comment ils les éduquent, à comment ils les aiment, ce monde serait meilleur. Pas juste les parents des coupables. Tous les parents. Ce monde serait meilleur, mais encore imparfait. L'amour parental ne triomphe pas du cancer. L'amour parental ne triomphe pas de la folie mentale. Mais il peut aider. Tellement aider.

Bref, il n'y a qu'une façon de réagir aux terribles événements de cette semaine : aimer plus nos enfants.

L'idée de ma mère

Petit vendredi matin. J'ai 6 ans. Je mange mes Alpha-Bits avant d'aller à l'école. Ma mère s'assoit à côté de moi : « Stéphane, aimerais-tu ça prendre des cours de ballet ? » Je m'étouffe. Prendre des cours de ballet ! ? Voyons donc ! Je marche tout croche. Je suis aussi prédisposé à prendre des cours de ballet que le géant Ferré est prédisposé à devenir jockey. Ça doit être une blague. Je ris. Ma mère poursuit : « J'ai parlé à madame Voronova, le professeur de ta sœur, et elle m'a dit que ça pouvait être bon pour tes jambes. Pour ton équilibre. Si tu veux, demain matin, tu peux aller au cours de Dominique. »

Ce n'est pas une blague. Ma mère est sérieuse. Je la regarde avec mes grands yeux bruns perplexes :

« Des vrais cours de ballet ? Avec le collant et tout ?

— Comme ta sœur !

— Avec le tutu en plus ?

— Non, les gars ne portent pas de tutu.

— Fiou !

— Alors, veux-tu essayer ? »

N'importe qui d'autre m'aurait parlé de ça, je l'aurais envoyé promener assez vite, merci. Mais ma mère, c'est ma mère. C'est ma complice. Je l'aime. Et je sais qu'elle m'aime. Alors oui, je vais essayer. Pour elle.

Gros samedi matin. Mes Alpha-Bits ne passent pas. J'ai un nœud dans le ventre. Ma sœur me dit : « Viens t'en, je ne veux pas être en retard. » Je ramasse le petit sac que ma mère m'a préparé. Mon père me demande : « Où tu t'en vas ? ». Je baisse la tête, je ne réponds pas. Ma mère lui explique : « Stéphane va prendre des cours de ballet avec Dominique ». Mon père réagit : « Han ? » Ma mère se retourne vers moi : « Veux-tu que je t'accompagne pour ton premier cours ? » Je fais signe que oui. Et nous partons, maman, Dodo et moi, vers le Manoir. Mon père nous regarde nous éloigner, debout sur la galerie. Il s'allume une cigarette et marmonne : « Encore Nini pis ses idées ! »

On arrive au studio. Une grande pièce avec des miroirs tout le tour. Et des barres accrochées aux miroirs. Ma sœur rejoint ses amies. J'ai peur. Je veux retourner chez nous. Madame Voronova s'approche : « Ah ! le beau Stéphane ! Va te changer, le cours commence. » Je me trouve un petit coin et j'enfile mon collant. Ma mère m'aide à mettre les vieux chaussons de ma sœur. Je suis prêt. Je rejoins le groupe. Y'a juste des filles ! Que des filles ! Je suis le seul gars. Et un gars aux jambes croches en plus.

Une vieille madame s'assoit au piano. On commence les positions. Première ! J'essaie de suivre. La première est pas évidente parce que j'ai les pieds naturellement par en dedans. Alors me mettre les pieds en pingouin est un exploit. Mais j'y arrive en tenant bien la barre. Deuxième ! On écarte les jambes. Réussi ! Troisième ! Faut que j'amène mon pied droit devant mon pied gauche. Ça se complique. Quatrième ! Je suis encore en train d'essayer de faire la troisième. Cinquième ! En voulant décroiser mes jambes, je perds pied et me ramasse sur le plancher. Toutes les filles rient. Sauf ma sœur. Madame Voronova m'aide à me relever en engueulant ses élèves : « Taisez-vous, petites sottes ! » Elles se taisent. Mieux vaut obéir à madame Voronova ! On reprend. Première ! Je place mes jambes. Je sens les regards de la vingtaine de petites filles tournés vers moi. Elle ne rient plus, mais c'est pire. Elles ne font que me regarder. Et j'ai l'impression d'être un monstre. Deuxième ! Troisième ! Quatrième ! Je ne bouge plus. Leurs regards m'ont attaché les pieds. Leurs yeux m'ont paralysé. Je regarde maman, qui attend, assise sur une chaise à l'autre bout du studio. Les larmes me montent aux yeux. Ma mère les voit.

Madame Voronova s'apprête à enchaîner les prochains exercices. Ma mère l'interrompt :

« Excusez, madame, mais si vous permettez, je vais retirer Stéphane du cours, je pense qu'il ne file pas, il n'est pas à l'aise...

— Mais non ! Il doit rester ! Ça va très bien ! Il fait juste commencer ! Tu aimes ça, Stéphane ? »

Je dis oui. Timidement. C'est vrai que j'aurais peut-être aimé ça. Tout seul avec madame Voronova, ma sœur et ma mère. Sans les autres danseuses. Sans même la pianiste, qui me regarde drôlement. Mais pas en ayant l'air d'un canard dans un lac de cygnes. Et puis le collant, c'est vraiment pas pour moi. J'aurais beau avoir les jambes droites comme celles de ma sœur, je ne crois pas que j'aurais voulu enfiler ça tous les samedis.

Ma mère remercie madame Voronova, embrasse Dominique et me prend par la main. Nous rentrons à la maison. Le cours recommence. Une petite larme me coule le long de la joue.

« Tu m'en veux pas trop de t'avoir inscrit au ballet ?

— Non, maman, je suis content d'avoir essayé.

— Tu m'aimes toujours ?

— Oui, parce que t'es la seule personne au monde qui peut me voir en danseur de ballet.

— Tu peux faire tout ce que tu veux. Il suffit que tu aimes ça. Oublie jamais ça, Stéphane. »

Arrivé à la maison, je me précipite dans la cave pour aller jouer au hockey. Je croise mon père en courant.

« Pis, le ballet ?

— J'aime pas ça !

— Je le savais ! »

Je souhaite bonne fête à toutes les mamans. Et merci à la mienne de m'avoir appris que je peux tout faire. Avec de l'amour.

Je t'aime, maman.

Le Québec est un Tanguy

C'était hier la Fête nationale du Québec. Mais était-ce vraiment la Fête nationale du Québec ? Parce qu'une fête nationale, normalement, c'est la fête d'un pays. Et le Québec n'est pas un pays. Ben non. Pas encore, disent ceux qui fêtent le plus la fête nationale du pays qui n'en est pas un encore. Nous sommes les seuls, les Québécois, à fêter avant le temps, avant l'événement. Comme si les Français avait fêté le 14 juillet avant de prendre la Bastille. Comme si les Américains fêtaient le 4 juillet avant d'être devenus indépendants.

On appelle ça mettre la charrue devant les bœufs. Ou, en langage de 24 juin, mettre le char allégorique avant les polices. Le problème avec le fait de fêter une fête nationale avant d'avoir fait les gestes qui permettent de devenir un pays, c'est que tu n'as plus vraiment envie de les faire. On est bien. On peut agiter notre drapeau. Chanter *Gens du pays*. Crier que le Québec est un pays. On se croit entre nous autres. Pas besoin de faire de sacrifice. Aucune tête n'a roulé comme durant la Révolution française. Aucun soldat mort au combat comme durant la Révolution américaine. Même pas besoin d'avoir vécu les soubresauts économiques qu'entraîneraient un oui au référendum. On peut continuer à voter non et fêter notre pays le Québec à la Saint-Jean. C'est formidable !

Qu'est-ce qu'on a fait pour mériter de célébrer une fête nationale ? Absolument rien ! Plus québécois que ça, tu meurs ! On a juste eu besoin qu'un gouvernement déclare que dorénavant le 24 juin n'est plus la fête des Canadiens français, c'est désormais la Fête nationale du Québec. Voilà. C'est tout. Pas plus compliqué que ça. Ça fait pas mal. Bien sûr, le gouvernement qui a voté cette loi est un gouvernement provincial. Donc régional. Mais ça ne fait rien. Il peut décider que c'est une fête nationale quand même. Comme il peut décider que la couleur du beurre est rose. Suffit que le monde embarque. Et le monde embarque.

Je n'ai jamais compris pourquoi le PQ agit comme ça chaque fois qu'il prend le pouvoir. En faisant des gestes comme si on était déjà un pays. Au lieu de nous attiser en disant : « Un jour, nous aurons notre Fête nationale ! Un jour, nous pourrons fêter notre pays ! », ils font comme si c'était fait. Mais en agissant ainsi, ça ne se fera jamais. Le 24 juin n'est pas vraiment une fête nationale. La ville de Québec n'est pas vraiment une capitale nationale. L'Assemblée nationale n'est pas vraiment une assemblée nationale. Pas encore. Le Québec n'a aucun statut particulier. Le Québec est une province. Si vous voulez que ça change, votez oui.

Parce que la vérité, c'est que le Québec habite encore chez ses parents. Le Québec n'est pas autonome. On peut bien se faire croire qu'on est chez nous, que c'est notre télé, notre poêle, notre frigidaire, notre chambre. Mais en réalité, tout ça appartient à pôpa et môman. On est chez pôpa et môman. Notre fête nationale, c'est le 1er juillet. Notre capitale nationale, c'est Ottawa. En se faisant croire qu'on est chez nous, on va coller là tout le temps. Comme Tanguy. Pourquoi s'en aller si on peut faire tout ce qu'on veut ?

On est bien : quand on veut de l'argent, on en demande. Quand y nous en donnent pas assez, on braille. Quand ça va mal, on dit que c'est la faute du fédéral. On n'a pas besoin d'être responsables. Ça nous donne plus de temps pour fêter. Parce que c'est ça qu'on aime. On tient plus au *party* qu'au pays. Tant que nos parents vont nous laisser mettre la musique fort et nous coucher tard, pourquoi on serrerait notre budget pour vivre en appartement ? C'est *full pas rap, man* !

Les Saint-Jean les plus nationalistes, les plus inspirantes ont eu lieu avant que le 24 juin devienne la Fête nationale. Quand c'était encore un combat. Un but. On sentait un mouvement. Une montée. Depuis que le 24 juin est devenu la fête du pays sans qu'on ait eu besoin de sortir de notre buisson, ça tourne en rond. Tout le monde parle comme si c'était fait, des beaux discours mythomanes. On ne crée pas un peuple indépendant en lui donnant tout, tout cuit dans le bec.

Que les chefs du PQ cessent de se prendre pour des présidents de la France dès qu'ils sont élus. Qu'ils vivent leur petite vie de premiers ministres provinciaux et qu'ils incitent la population à vouloir plus. On ne boit pas dans la coupe Stanley avant le début du dernier match. On boit après. Quand on l'a gagnée.

Bien sûr, si votre pays est le Canada, tout est correct. Vous vivez dans la réalité. Et vous avez raison de fêter le 1er juillet. On célèbre l'anniversaire de la Confédération. Un événement qui a eu lieu il y a 140 ans. Saint Jean-Baptiste vivait en Galilée. Il n'a pas libéré le Québec. Alors si votre pays est le Québec, il est temps de réaliser que c'est toujours un rêve. Qu'un rêve.

L'odeur de la cigarette

Je ne fume pas. Ma blonde non plus. Nos amis, quand ils viennent à la maison, ont la délicatesse de fumer près de la fenêtre ou sur la galerie. Au travail, ça ne fume pas non plus. Pas le droit. Et depuis cette semaine, dans les restaurants et dans les bars, la fumée n'existe plus. Finie. Disparue.

Le fond de l'air est frais. Ça sent bon. Il y a donc peu de chances pour que je respire à nouveau l'odeur de la cigarette. Tant mieux. Quoique... Il faut que je vous avoue quelque chose. L'odeur de la cigarette me faisait du bien. Quand j'entrais dans une pièce où ça sentait la cigarette, durant une fraction de seconde, avant même que mon cerveau ait eu le temps de décoder que c'était une odeur de cigarette et qu'il m'envoie la commande de ne pas aimer ça. D'être incommodé, de la tasser avec mes mains ou de simplement sortir. Avant même que ma condition de non-fumeur s'oppose à cette senteur, pendant une fraction de seconde, dis-je, cette odeur de tabac brûlé venait me chercher. Et me faisait sourire. Et me rendait presque heureux. Pourquoi ? Parce que le cœur est plus vite que le cerveau. Et mon cœur, en premier, ne décodait pas que ça sentait la cigarette. Mon cœur décodait que ça sentait mon papa. Et pendant une fraction de seconde, j'avais l'impression qu'il était là, pas loin. Et l'enfant que je suis, son enfant, était bien. Rassuré. En sécurité. À cause d'un arôme de fumée.

Puis, la seconde suivante, mon cerveau comprenait que c'était pas papa, que c'était juste de la *boucane*. Que ça sentait mauvais. Et que ce n'était pas bon. Mon cerveau le comprenait bien parce que mon père en est mort. De cette fumée dans ses poumons. De l'emphysème dont il a souffert. Pour avoir fumé au moins un paquet par jour. Tous les jours. Dans la voiture. Assis sur son divan vert. En marchant. En arrosant la pelouse. En faisant des rapports d'impôt. En lavant la vaisselle. Toujours une cigarette au bec. Ou entre ses longs doigts secs. J'sais pas comment ma mère faisait, mais ça sentait la cigarette seulement autour de papa dans la maison. Dans son nuage. Partout ailleurs, ça sentait bon. Ça sentait le propre, la bouffe et le gâteau. Y'a juste autour de papa, que ça sentait papa.

La mémoire olfactive est la mémoire qui a le plus de longévité. Celle qui remonte le plus loin dans nos souvenirs. Je ne devais même pas encore savoir dire papa que je savais déjà que papa sentait ça : l'odeur de la cigarette. Tous les instants que j'ai passés avec lui. Toutes les centaines d'heures sont à jamais imprégnées de l'arôme de ses Matinée. Mon père était un homme de peu de mots. Mon père, c'était du silence et de la fumée. Il pensait. Il jonglait. Les yeux dans la brume. Et à cause de lui, je n'aurai jamais d'aversion contre les grands fumeurs. Ils me rappellent mon père. Et j'aime ça me rappeler papa.

S'il vivait encore, il n'aurait pas été contre la loi qui prohibe la cigarette dans les restaurants et les bars. Il s'en foutrait. Papa n'allait jamais dans les bars. Et presque jamais au restaurant. Mon père était toujours chez lui. Chez nous. À la maison. Donc, il fumait toujours là. Comme plein de gens sont obligés de faire maintenant. Il n'y aura jamais de loi contre ça. Pourtant, je suis sûr que mon père échangerait tous ses paquets de Matinée pour être encore avec nous en ce moment. Pour voir les filles de mon frère grandir. Pour connaître ma si merveilleuse nouvelle blonde. Pour voir ma sœur lui sourire. Et ma mère lui parler. En tout cas nous, on s'arracherait le cœur pour qu'il soit encore là. Pensez à ça avant de vous en allumer une dans le confort de votre foyer. C'est la seule vraie raison pour ne pas fumer. Pas la loi. La vie.

Le souvenir de l'odeur, c'est assez. Pas besoin de la respirer vraiment.

Le paradis est sûrement devenu un endroit non-fumeur. Alors mon père ne peut plus pratiquer son passe-temps préféré. À moins d'aller à 9 mètres du paradis. Mais ça doit sûrement être l'enfer. Et mon père est trop vieux jeu pour aller là. Il y a trop de monde. Trop bondé. Et la musique doit être trop forte. Alors il lui reste, dans le calme d'Éden, son autre activité préférée : lire *La Presse*. J'espère qu'il est en train de la lire en ce moment.

Allô papa, je sais, la fête des Pères, c'est dans deux semaines, mais c'est tout de suite que je pense à toi.

La Passion selon sainte Télévision

Imaginez si la télé avait existé dans ce temps-là. Tout le monde aurait tout vu bien assis dans son salon. Il y aurait d'abord eu une petite émission spéciale à RDI le dimanche d'avant, le dimanche des Rameaux. Un jeune prophète populaire fait une entrée triomphale dans Jérusalem. On nous aurait présenté un portrait pour nous expliquer qui est cet homme. Plein de *vox pop* avec des gens en train d'agiter leurs rameaux : « C'est notre sauveur ! Je l'aime au *boutte* ! » Jésus aurait été invité à *Tout le monde en parle*. Guy A. lui aurait fait une entrevue « traversée du désert ». « Qu'est-ce qui vous a le plus manqué durant 40 jours, l'eau ou le cul ? » Dany Turcotte lui aurait remis une petite carte : « Avez-vous des *gougounes* palmées pour marcher sur l'eau ? » Vers la fin de l'émission, le Christ aurait épaté tout le monde en changeant le vin en eau. Quoique la SAQ n'aurait pas aimé ça.

Le lendemain à l'émission de radio d'Érik Rémy, les auditeurs auraient appelé pour passer leurs commentaires : « C'est qui, ce pété-là ? Le fils de Dieu ? Voyons donc !

Je le connais, son père, c'est Jœ, y'a réparé ma table de cuisine ! Jésus avait l'air de se prendre pour un autre à *Tout le monde en parle* ! On aurait dit qu'y se croyait plus *big* que Guy A. »

Puis, le jeudi, coup de théâtre. Claude Poirier, en direct du mont des Oliviers, nous aurait montré l'arrestation de Jésus. La question TVA du jour : Qui voudriez-vous libérer : Jésus ou Barabbas ? Les gens auraient choisi Barabbas à 80 %. Au *Point*, Ponce Pilate aurait expliqué pourquoi il s'en est lavé les mains. Le lendemain, exécution de Jésus. Dans ce temps-là, la justice opérait ! Harper aurait aimé ça.

Tous les réseaux auraient présenté en direct le calvaire du Christ. Claude Charron serait même sorti de sa retraite parisienne pour décrire le tout : « Madame, monsieur, Jésus de Nazareth porte sa croix pendant que les gardes le fouettent. Ayoye ! Ça doit pincer. On a placé sur sa tête une couronne d'épines pour se moquer de lui, car il se prétend le roi des Juifs. C'est scandaleux ! Pourquoi ne fait-on pas la même chose à Léon, qui se prétend le roi des bas prix ? J'espère que je vous fais réfléchir... Oh ! le Christ tombe... et il tombe encore... et encore ! Ça doit être un ancien patineur artistique. »

Puis, à l'heure de la crucifixion, l'hélicoptère TVA aurait survolé le Golgotha. Vue imprenable sur Jésus et les deux larrons. Autour de la croix, les marchands du temple auraient vendu des t-shirts avec le portrait de Jésus dessus. En direct de la colline, Colette, la fille de la météo, le toupet au vent, nous aurait annoncé du beau temps pour tout le week-end. Quand soudain, à 15 h, Jésus rendant l'âme, le ciel se serait noirci d'un coup de sec. Un orage foudroyant aurait éclaté. Et l'hélicoptère TVA se serait écrasé.

En entrevue exclusive à Jean-Luc Mongrain, saint Pierre aurait prétendu ne pas connaître Jésus. Coup de théâtre, Claude Poirier aurait découvert Judas pendu. La police romaine aurait confirmé la théorie du suicide. Le lendemain, tous les éditorialistes auraient disserté sur la Passion, la plupart dénonçant le cirque médiatique autour de l'affaire Jésus : « Dans six mois, on ne se souviendra même plus de lui... »

Le dimanche, Christian Latreille, de RDI, aurait dénoncé le piètre service de sécurité entourant le tombeau de Jésus. Il aurait réussi à se rendre dans la grotte pour constater le déplacement de la pierre. Il aurait vu le tombeau vide. Et un flot de spéculations auraient inondé les ondes.

Qui a volé le corps du Christ ? Marie-Madeleine, sa fan nº 1 ? Des opposants à sa secte ? Dan Brown ? Et s'il s'agissait d'une résurrection ? Tous les médias seraient partis à la chasse, chacun voulant l'exclusivité de son image, morte ou vivante. Mais comme d'Oussama ben Laden, on en parlerait plus qu'on le verrait.

Les disciples d'Emmaüs prétendraient avoir reçu une vidéo du Christ ressuscité, mais il serait méconnaissable sur la bande et plusieurs remettraient en question son authenticité.

Puis l'hélicoptère TVA 2 – parce que le premier, je vous le rappelle, se serait écrasé le Vendredi saint –, donc, l'hélicoptère TVA 2 capterait des images exclusives de l'ascension de Jésus, le Christ ayant passé à deux cheveux d'entrer en collision avec Maxim Landry. Les images étant très floues, les experts s'obstineraient durant des siècles à savoir si c'était Jésus ou la sœur Volante.

Ah ! si la télé avait existé dans ce temps-là ! On pourrait acheter le DVD et regarder ça ce soir au lieu de *Ben-Hur*. On saurait que tout était vrai puisque c'était à la télé. Quoique ç'aurait pu être un film, une espèce de *Blair Witch Project* inventé par un Samaritain scénariste. L'homme a bien marché sur la Lune en direct à la télé, et il y en a qui n'y croient pas encore. Peu importe les preuves, il y en aura toujours pour y croire et d'autres qui en douteront.

De toute façon, l'essentiel n'est pas là. L'essentiel, ce ne sont pas les faits. L'essentiel, c'est le message. Et, dans le cas de cette histoire, il tient en une phrase : aimez-vous les uns les autres. C'est à ça qu'il faut croire. Tout simplement. Et tout irait mieux. Tellement mieux. Si les hommes ne croyaient qu'à ça.

Les cornichons

Petit matin de décembre. Je suis en train de faire mon sac pour l'école.

Mon livre de maths, mon livre de géo, mes cahiers Canada, mon coffre à crayons et deux gros pots de cornichons. C'est pour le panier de Noël du Collège.

Chaque étudiant doit apporter quelque chose. J'enfile mon sac sur mon dos et je me dirige vers la porte. Difficilement. Ma mère m'interpelle :

« Mon doux ! Il est ben gros ton sac ! Ça pas de bon sens. T'as pas mis les pots de cornichons dedans !?

— Ben oui !

— Enlève-les ! Ton père va les prendre. Il te reconduit au Collège, de toute façon. Ça va être une affaire de rien pour lui d'aller les porter dans ta classe.

— Chus capable ! »

Quand je dis « chus capable », ça veut dire « chus capable. » Il n'y a plus rien à ajouter. Ma mère le sait. Elle me laisse aller. Bien sûr, j'ai déjà un équilibre précaire et l'ajout de deux gros pots de cornichons format géant dans mon dos n'aide en rien ma démarche.

Mais les autres étudiants apportent eux-mêmes les victuailles dans le panier de Noël. Aucun parent ne les aide. Ce sera pareil pour moi. Parole de Stéphane !

Je zigzague jusqu'à l'auto de papa. Première partie de l'épreuve réussie. J'enlève mon sac et je m'assois. En route pour le Collège de Montréal. Comme tous les matins, papa et moi, on ne se dit pas un mot. On écoute Jacques Proulx.

Pour aller de chez moi au Collège, ça prend de la météo de Jacques Lebrun au bloc *Dimension* avec Jacques Morency. Vingt-deux minutes exactement. On est arrivé. J'ouvre la portière, je ramasse mon sac. Péniblement. Il est lourd. Mon père sort de l'auto :

« Je vais aller te les porter tes cornichons. Donne-moi ça !

— Chus capable ! »

Je mets mon sac sur mon dos. Et je pars. Mon père m'appelle :

« Stéphane ! »

Je ne me retourne pas. Parce que je suis têtu, mais aussi, parce que si je me retourne, je vais perdre l'équilibre et prendre une fouille. Mon père me regarde aller jusqu'à la porte du Collège. J'entre et je disparais de sa vue. Deuxième partie de l'épreuve réussie.

Dans la salle des casiers, c'est plus difficile, y'a plein d'élèves qui courent partout. Et qui me frôlent. Surtout ne pas m'arrêter. Tant que je suis sur mon élan, je suis correct. C'est quand je m'arrête que ça se complique. Je ne vais même pas à ma case laisser mon manteau. Je m'en vais directement en classe. Je monte l'escalier. Lafontaine est derrière moi. Il veut que je monte plus vite. Il me donne une claque sur le sac à dos. Mes genoux plient. Mais je me redresse. Lafontaine me dépasse par la droite. Il a mal à la main. Ça fait mal taper sur des pots. Je suis enfin rendu au troisième étage. Je me dirige vers la classe de secondaire 2A. J'entre. Je suis arrivé ! La troisième et dernière étape est complétée. J'ai réussi !

J'enlève le sac de mon dos. Heureux. Et je le laisse tomber comme je le laisse tomber tous les matins sur mon bureau. Avec enthousiasme. Mais cette fois, ça fait bing ! Parce qu'il y a des pots de cornichons dedans. Pendant une fraction de seconde, j'avais oublié. Et c'est la catastrophe. Les deux pots de cornichons se sont brisés. Et le jus de cornichon se répand partout dans mon sac. Mes cahiers et mes livres flottent au milieu des cornichons. J'étais si près du but. Il ne me restait que quatre pas à faire pour les mettre dans la grande boîte en dessous du tableau noir.

Les étudiants entrent en classe en faisant la grimace. Ça sent le cornichon à plein de nez. Je les ai tous jetés dans la poubelle. Et j'essuie mes livres, mes cahiers, mes crayons, mes gommes à effacer, tant bien que mal. Mais y'a rien à faire. L'odeur s'est imprégnée partout. Je suis un élève dans le vinaigre.

La journée est longue quand on sent le cornichon. Je passe l'heure du midi dehors. Avec mon sac. Question de nous faire aérer. Il a beau faire moins trente, l'odeur ne se sauve pas. Durant tout l'après-midi, je sens encore le cornichon. Je marine.

Et j'allais oublier le pire dans tout ça. Les gens de la Saint-Vincent-de-Paul n'auront pas de cornichons pour Noël. Il faut que j'en rapporte d'autres demain. 16 h 30, mon père vient me chercher. Je m'assois dans l'auto.

On ne dit pas un mot. On écoute Louis-Paul Allard. Soudain mon père parle :

« Ça sent drôle. »

Je ne réponds pas. On arrive à la maison. Je m'en vais directement dans ma chambre. Et je mets mon sac sur la galerie arrière. Au souper, je prends mon courage à deux mains, et je fais ma demande :

« Ça me prendrait deux autres pots de cornichons. Ma mère hoche la tête.

Je le savais que tu étais pour les échapper...

— Je ne les ai pas échappés. C'est juste qu'en enlevant mon sac, j'ai oublié qu'ils étaient dedans et je l'ai lancé sur mon bureau. Les pots ont brisé...

— C'est pas grave, c'est des choses qui arrivent. Tu en prendras deux autres. Mais cette fois, c'est ton père qui va les apporter.

— Non. Chus capable ! »

Lendemain matin. Prise deux. Cette fois, c'est plus simple. Je suis déjà passé par là. Je pars pour le Collège avec mes deux pots de cornichons dans le dos. Je commence à m'habituer à marcher aussi chargé. Je me sens prêt à escalader l'Everest. Toutes les étapes se franchissent sans heurts.

Huit heures et quinze, j'arrive en classe. Je dépose délicatement mon sac sur mon bureau. Je sors les pots et je les apporte dans le panier. Mission accomplie. Mais l'histoire n'est pas terminée. Car pendant un an, mes livres, mes cahiers, mes crayons, tout ce qui sortait de mon sac sentait le cornichon. Peu importe où j'allais avec mon sac à dos, j'avais l'impression d'être suivi par un énorme cornichon. Et depuis ce temps, quand décembre revient, quand Noël se pointe le bout du nez, me remonte à la mémoire, l'odeur sure des cornichons. Cette odeur qui me rappelle une morale digne de *Perrette et le pot au lait.* Tant que le pot n'est pas dans le panier, rien n'est gagné.

❦❧

Avoir une sœur

Samedi matin. Il doit être environ 9 h. Je suis encore au lit. Je dors d'une oreille et, de l'autre, j'écoute Le Bigot. Le téléphone sonne. Je sais qui c'est : c'est ma sœur. Elle m'appelle tous les samedis matin.

« Allô, c'est Dodo ! Ça va ? Je vais faire des courses dans ton coin, as-tu besoin de quelque chose ? Si tu veux, je peux t'apporter un chausson aux pommes de chez Première Moisson... Je vais être là vers midi. À tantôt ! »

Je me lève. Je prends ma douche. Et je m'installe pour écrire ma chronique. Je cherche. Je rédige. Je regarde par la fenêtre. Et je recommence.

Puis à midi, ma sœur arrive sans faire de bruit. Elle prépare le petit déjeuner, fait bouillir de l'eau pour son thé, me presse un petit jus d'orange, prend un plateau dans l'armoire et monte dans mon bureau.

J'arrête d'écrire. Je lui souris. On se fait la bise. Elle s'assoit sur le divan. Je me jette sur le chausson aux pommes. Et on parle de tout et de rien. De son autobus qui n'arrivait pas. De maman et de ses cours de peinture.

De notre filleule, Marjolaine, de son vieux *chum* breton, de Bertrand, le grand frère, qui doit venir faire un tour en mars.

Puis elle me dit : « Tu travailles trop, tu devrais faire attention. » Je lui réponds que tout va très bien. Que je suis en pleine forme. Elle insiste. Je prends mon air agacé. Elle continue : « Il faut que tu te reposes un peu. Ça n'a pas de bon sens, tu en fais trop. Tu ne dors pas... » Je tape du pied. Elle n'arrête pas. Elle est ma sœur. Elle en profite. Elle sait qu'elle est la seule qui peut me faire la morale. Et que même si je l'envoie promener, elle va revenir quand même. Une sœur, ça ne se quitte pas. Une sœur, c'est pour la vie.

Je change le sujet de la conversation : « Pis, vous allez où cet été ? » Tous les ans, ma sœur et ma mère font un grand voyage. C'est le cadeau que je fais à ma mère pour son anniversaire. La France, l'Italie, l'Angleterre, la Hongrie, la Grèce... Elles sont allées partout ensemble. « On ne sait pas encore, maman hésite entre retourner en France ou aller dans un pays d'Europe de l'Est. ». Elle ramasse mon assiette : « Bon, faut que j'y aille, mon amie Suzanne m'attend rue Bernard. »

Elle se lève. Enfile son manteau. Enroule son grand foulard. Et m'embrasse les deux joues : « Essaie de te coucher tôt ! » Je souris. Je lui dis oui. Elle sait que je ne le ferai pas. Elle fronce les sourcils. J'ai l'impression d'avoir 8 ans.

« Merci, Dodo, pour le chausson aux pommes.
— Y'a pas de quoi. Oublie pas d'appeler maman. »

Elle est partie. Il n'est pas tout à fait 13 h. Elle est venue comme ça, passer une petite heure avec son frère. À la bonne franquette. Sans cérémonie. Elle est venue prendre soin de moi sans que ça paraisse, parce qu'elle était dans le coin. Comme samedi dernier. Et le samedi d'avant. Et l'autre d'avant. Bref, comme chaque samedi depuis… Depuis que j'ai plus de blonde. Depuis que l'amour m'a déserté. Comme par hasard, depuis ce jour-là, ma sœur a des courses à faire dans Outremont, tous les samedis !

C'est vrai que le samedi matin, c'est dur, pour un célibataire. Se réveiller sans caresses. Sans projet. Sans liste de commissions ! Ma sœur a dû y penser. Et c'est pour ça qu'elle apparaît tous les samedis matin, pour me donner un peu de sa chaleur. De son amour. Et un chausson avec ça.

Elle a la délicatesse de ne pas le dire. De venir s'occuper de son frère esseulé sans que ça paraisse. Comme si c'était à elle qu'elle rendait service. Comme si c'était à elle qu'elle faisait plaisir. C'est génial, avoir une sœur.

Quand l'amour refrappera à ma porte, quand mes samedis matin seront remplis de passion et d'activités bien planifiées, soudainement, comme par hasard, ma sœur fera moins souvent des courses sur la rue Bernard. C'est ça, une sœur : quand une blonde arrive, elle se fait discrète. Elle regarde de loin en espérant que son frère sera heureux. Longtemps.

Je me remets à l'écriture de ma chronique, le cœur léger. Heureux de constater que, lorsque toutes les filles du monde m'auront abandonné, que tous mes amis de gars seront trop occupés, que l'humanité entière m'aura oublié, quelqu'un sera toujours là pour moi : ma sœur.

En ce jour de ton anniversaire, sache, petite Dodo, que la réciproque est vraie aussi. Ton frère sera toujours là pour toi. Merci pour tout. Et bonne fête !

☙❦❧

Accident domestique

Mercredi matin, j'ouvre ma boîte de courriels. Tiens, un envoi d'une lectrice qui avait l'habitude de m'écrire régulièrement : « Allô! Ça fait longtemps. La vie passe vite. Vous écrivez toujours aussi bien. Merci. Voilà. C'est la semaine de prévention du suicide. Je regarde et je lis tous ces textes un peu fleur bleue sur le sujet, et je voulais donner l'image de ce qui se passe de l'intérieur, quand les suicidés arrivent à l'urgence. Je ne sais pas à qui envoyer ce texte, je ne sais pas s'il vaut la peine d'être publié, je ne crois pas avoir le don de la plume. Vous saurez quoi faire. À bientôt. Marie-Anne Archambault. »

Accident domestique

« Je suis médecin. Un petit médecin de rien du tout, qui *soignote* comme on bécote, à gauche à droite, selon les ordres. Un petit médecin qui peut paraître grand et savant mais qui tremble tout autant. Un petit médecin bien trop souvent impuissant. Un petit médecin vacillant.

Je termine une journée éreintante de mon stage de gas-troentérologie. Je viens d'essuyer deux hémorragies diges-tives hautes et trois rectorragies (hémorragies par le rectum) de suite, et laissez-moi vous dire que ça saigne et que ça pue des rectorragies. Je suis souillée et repue, épuisée, brisée. On m'annonce une urgence : une dame dans la quarantaine qui a ingurgité un demi-gallon d'eau de Javel : un accident domestique ! Pas question d'atten-dre à demain, je suis obligée de la voir avant qu'elle ne se perfore l'œsophage et ne meure noyée dans son sang.

Mais je n'ai plus d'énergie ni de réserve ou de retenue sur mes pensées, et une suicidée ne m'allèche pas du tout. Surtout quand il s'agit d'une suicidée sans talent. Faut le faire quand même : neuf tentatives de suicide, toutes échouées, la dernière datant d'à peine un mois.

J'ai beau me concentrer sur les questions purement médicales, mon esprit est infiltré de questions idiotes qui percent mon discours intérieur et me distraient : Avez-vous bu ça au goulot ou l'avez-vous versé dans un verre ? Est-ce que c'était de l'eau de Javel Javex ou La Parisienne ? Est-ce qu'elle était en solde cette semaine ? Comment se fait-il que vous ayez passé trois jours sans boire et sans manger, avec ce poison qui vous rongeait les entrailles, avant de venir nous voir à l'urgence ? Et pourquoi au juste êtes-vous venue ? Que voulez-vous qu'on fasse ? Qu'on vous remette sur pied pour que vous puissiez préparer votre 11e tentative de suicide ? Qu'est-ce que ce sera cette fois ? Du lave-vitres ? Du vitriol ? Du cyanure ?

C'est dans cet état d'esprit que j'aborde la dame. Mais la regarder gisant sur sa civière ne peut que m'attendrir : son corps émacié est agité de tremblements, comme des sanglots. Sa bouche fait saillie sur son visage comme celle des poupées gonflables, fendue tel un trottoir au printemps après un hiver de sel, de sable et de glace. Mais ce sont ses yeux qui m'attaquent le plus. Ses yeux qui semblent dire que plus rien ne peut l'atteindre, que personne ne peut l'aider, personne. Ses yeux me traversent et lisent en moi toute mon impuissance.

Je m'astreins à mon examen physique et aux questions de routine mais je reviens sans cesse à des questions plus intimes : Pourquoi ? Êtes-vous capable de mettre des mots sur votre souffrance ? Êtes-vous capable de mettre un terme à cette automutilation autrement que par la cécité d'être ?

Mais elle ne répond pas. Peut-être parce que les cordes vocales nécessaires pour ce genre de réponse ont été pulvérisées avec le reste. Peut-être parce qu'il n'y a tout simplement pas de réponse. Je ne fais pas mieux ; pas même le souvenir d'avoir moi-même forcé les portes de la mort ne semble m'aider à ébaucher une réponse. Son acharnement à faire pitié me choque et je deviens presque agressive. De sa voix nasillarde de caniche roussi à la chaux, elle ne cesse de répéter qu'elle est finie et qu'on ne peut rien faire pour elle. Si elle croit vraiment qu'on ne peut rien faire pour elle, que fait-elle dans nos civières, en attendant sagement les médecins, en tolérant docilement le soluté et les prélèvements ? Je connais son jeu : elle va m'attendrir et me donner envie de l'aider, de la sauver. Puis, elle va détruire toutes mes tentatives de venir vers elle et de la comprendre, miner tout essai de changer sa vie et son mode de pensée. Puis, quand je serai à bout de ressources et de souffle, elle va m'achever en me montrant que, comme les autres, je l'ai aussi abandonnée. Et que ça prouve qu'elle n'est bonne à rien et qu'elle mérite de mourir. On va tourner en rond, je le sais, et j'en sortirai déçue, fâchée, inondée d'une colère sans nom.

C'est très choquant de voir nos propres limites à aider quelqu'un. Mais ce qui me frustre davantage chez ce paquet de souffrances ambulantes, c'est qu'elle me ressemble quelque part. Que moi aussi je pourrais me retrouver dans sa situation. Que je ne suis pas immune à ce cercle vicieux de misérabilisme où on s'enlise jusqu'à ce qu'on coule. Quitte à couler avec ceux qu'on aime et à qui on s'accroche. Je dois même avouer que, d'une certaine façon, j'ai moi aussi déjà joué ce jeu absurde.

C'est donc contre moi que cette colère se dirige. Pas contre cette inconnue, pas contre ce simple reflet. Je m'excuse alors à la pauvre femme. Mais au lieu de se sentir insultée par mes propos confrontants, elle m'avoue se sentir enfin respectée et reconnue. Elle me demande de revenir la voir, si j'en ai l'occasion. Je m'éloigne de la civière avec un goût amer dans la bouche. J'ai soif...

Chaque fois que je reste trop longtemps à l'hôpital, ça me donne le tournis. J'en sors triste et engourdie, comme sonnée d'un coup de massue sur la tête. Je ne crois pas avoir la *vocation*. Ce mot me fait peur. Il me rappelle le destin des papillons de nuit, ces insectes qui se laissent attirer par les lanternes vitrées des nuits d'été, où ils s'engouffrent pour ne plus ressortir. Car, une fois dans la lanterne, les papillons volent vers le haut, toujours vers la lumière, même si celle-ci est trop chaude pour leurs ailes friables. Et, au lieu de s'échapper par le grand trou noir sous leurs pieds, qui serait leur seul salut, leur seule voie vers la liberté, ils se butent à voler plus haut, vers la lumière, à se cogner sur les vitres colorées et à se brûler les ailes de clarté.

Et au matin, c'est sur le sol qu'on retrouve les papillons de nuit. Ils sont secs, morts, flétris. Ils sont tombés par le grand trou noir, qui est devenu trou de lumière avec le lever du jour. Et ce sont les vitres colorées qui sont désormais ternes par rapport au soleil. Mais cette lumière du jour ne les a accueillis que pour leur grand sommeil, car les papillons de nuit se sont épuisé le cœur et usé les ailes à se heurter contre des vitres closes et une lumière aveuglante. Et ils sont morts, secs et flétris, sur le sol d'un matin d'été.

Ce n'est pas vraiment triste, c'est une vocation. C'est la vocation des papillons de nuit. C'est la vocation selon Esculape. C'est la vocation tout court.

Alors voilà. J'ai 30 ans bientôt et je ne suis plus en colère.

L'angoisse de la page blanche est passée, et avec elle, beaucoup de mon fiel. J'ai maculé de maux quelques miettes d'arbres morts, sans bruit, puisque personne n'écoutait. Je suis à nouveau prête à affronter d'autres suicidés, d'autres accidentés de ce parcours inutile qu'est la vie. Inutile certes, souffrant parfois, mais ô combien riche en émotions de toutes sortes.

Et quelques-unes sont douces. Et quelques-unes valent la peine... du reste. »

Votre texte méritait vraiment d'être publié. Merci docteure de nous avoir soigné en vous soignant vous-même. Et vice versa.

☙❧

La bombe

C'est un après-midi de novembre. Il fait très beau et il fait très froid. Les feuilles sont tombées au sol, l'automne les a plaquées. Sur le terrain de football du Collège de Montréal, les joueurs se réchauffent. C'est le cas de le dire. Il y a plein d'étudiants et de professeurs le long du mur de l'Ermitage. Il y a même des parents. Ce n'est pas un match ordinaire. C'est le match contre le Collège Notre-Dame. Le massacre annuel.

Notre-Dame, c'est le collège des sportifs. Ils sont grands, ils sont gros, ils sont forts. Ils font de l'éducation physique tous les jours. Ils ont une palestre et une patinoire. Ils ont la meilleure équipe de hockey, la meilleure équipe de basket-ball, la meilleure équipe de volleyball. Et surtout, surtout, la meilleure équipe de football. Montréal, c'est le collège des studieux. On est petits, on a des lunettes. On a des cours de latin tous les jours. On est bons aux échecs et au mississippi. Et notre équipe de football est la pire au Québec. Ça va faire mal.

Et moi, en plus, je peux me vanter d'être le moins bon joueur de la moins bonne équipe. Ce n'est pas ma faute. Je suis gros comme une puce. J'ai les jambes croches. Et j'ai autant d'équilibre qu'une feuille au vent. Heureusement, j'ai une spécialité : tomber. Je joue ailier rapproché et je tombe devant les joueurs adverses qui essaient de plaquer le porteur du ballon. Et ça les fait tomber à leur tour. Je suis un spécialiste pour tomber. Je tombe toujours au bon endroit, au bon moment. Et ça permet à notre demi de gagner des verges de plus.

J'aime le football. Dans la vie, je suis le seul à tomber souvent. Sur un terrain de football, tout le monde tombe tout le temps. Je ne suis pas si différent. Si je pouvais seulement être un peu plus gros, ça ferait moins mal quand les autres me tombent dessus.

Le match est commencé. Notre-Dame est à l'attaque. Le quart-arrière recule. Il attend que ses ailiers se découvrent. Il vise le géant de 12 ans qui mesure 6 pieds et 2. Il attrape le ballon. Court jusque dans la zone des buts. Sept à 0 Notre-Dame, c'est parti ! Nos profs hochent la tête. Botté d'après touché. Renaud capte le ballon. Et il se met à courir. Renaud n'est pas gros, mais il court vite. Au Collège, il fait toujours plein de mauvais coups. Alors il est habitué de courir vite pour se sauver des surveillants. Il est à la ligne de 50... 40... 30... 20... 10... touché ! On n'en revient pas. C'est la première fois qu'on fait un touché contre Notre-Dame en trois ans. C'est 7 à 7. *Crinquée*, notre défensive parvient à arrêter la charge de l'adversaire. Nous voilà à l'attaque. Cyr, le quart-arrière, tient son caucus : « Tracé crochet, Renaud, je te la passe au 50. Forget, tu restes en retrait au cas. Et Laporte, tu t'occupes du gros 78 ».

Le gros 78 ! C'est la terreur des quarts-arrière, il pèse 300 livres ! Quand il fait un sac du quart, la victime disparaît comme Jonas dans la baleine. Il faut que je le fasse tomber. C'est *l'fun* ! Le centre remet le ballon à Cyr. Le gros 78 fonce dessus. Je m'interpose. Le 78 me regarde avec joie et dédain. Comme Obélix regarde un soldat romain. Il est prêt à me faire partir en orbite. Mais au lieu de lui rentrer dedans de façon classique, je tombe au sol et je roule vers lui comme une boule de bowling. La quille obèse tombe. Sur moi. C'est la fin du monde. Je suis sonné. J'entends au loin les gens crier. Renaud vient de marquer un touché. Mes coéquipiers me portent sur les lignes de côté. Alonzo, le soigneur, me jette de l'eau au visage. Alonzo fait toujours ça. C'est son seul traitement. Peu importe que le joueur ait une entorse au pied, le souffle coupé ou une légère commotion cérébrale, Alonzo lui lance de l'eau au visage. Et ça marche ! Je vais mieux.

La première demie est terminée. C'est 21 à 21. On n'en revient pas ! Renaud est en feu. Et les joueurs du Notre-Dame pompent l'huile. On est en train de comprendre pourquoi. Durant la mi-temps, ils se sont tous précipités dans le pavillon des grands. Aux toilettes. Ils ont mal au ventre. Ils nous ont tellement pris à la légère qu'ils se sont arrêtés au McDonald, coin Atwater. Et ils ont mangé comme des porcs. Leur trio McDo est en train de remonter.

La deuxième demie débute. Quelques joueurs du Notre-Dame manquent encore à l'appel. Le coach fulmine. Ses ouailles se remettent à jouer avec plus de conviction. Touché dès la première série de jeux. Mais notre Renaud reprend là où il avait laissé. Il attrape le botté et traverse encore le terrain : 28 à 28. Mes coéquipiers n'en croient pas leurs yeux. À ce stade-ci du match, l'an dernier, c'était 49 à 0. Certains joueurs de notre équipe étaient même partis étudier. Mais aujourd'hui, porté par les exploits de Renaud, chacun fait sa part. Les plaqueurs plaquent, les botteurs bottent, les bloqueurs bloquent. Et le tombeur tombe. J'ai dû tomber 110 fois jusqu'à maintenant. Et j'ai fait tomber un adversaire au moins 50 fois.

Dernier jeu du quatrième quart. C'est 35 à 28 pour Notre-Dame. On a le ballon à la ligne de 20 de notre zone. Notre cause semble perdue. Ils ont compris. Depuis le milieu du troisième quart, ils se mettent à trois joueurs pour couvrir Renaud. Cyr a donc un plan désespéré : « Je vais passer le ballon à Laporte. » Laporte ? Tous les gars dans le caucus sont sur le cul. Painchaud intervient : « Cyr, pour moi, t'as mangé un coup sur la tête. » Cyr monte le ton : « Écoutez : Notre-Dame ne s'occupe jamais de Laporte sur le terrain. Je ne suis même pas sûr qu'ils savent qu'il est là. Alors il va être complètement dégagé, c'est notre seule chance. Laporte, rends-toi le plus loin que tu peux, je vais te faire la passe. »

Je sens mon cœur battre dans mon casque. Ce n'est pas d'attraper le ballon qui me fait peur. Je me suis si souvent *pitché* le ballon avec mon frère dans la cour, je sais que je suis capable. C'est après, quand je dois courir vers les buts. Je me fais toujours rejoindre. Et dès que je suis touché, je perds l'équilibre et le ballon. Bon, advienne que pourra.

Up, up, up ! Au lieu de tomber, je cours vers le but adverse. Personne ne s'occupe de moi. Je suis tout seul au 30 de l'adversaire. J'ai l'air d'un arbitre. Cyr lance le ballon. C'est une bombe. Toutes les têtes se retournent. Et s'aperçoivent que c'est moi le destinataire. Les yeux s'agrandissent. De surprise et de doute. Et le ballon qui tourne dans les airs. Je ne suis plus au Collège de Montréal. Je suis dans un film américain. J'attrape le ballon. Et je cours vers les buts. Tout le Collège Notre-Dame est à mes trousses. Ils vont me rejoindre c'est sûr. Je suis au 25... au 20... J'avance tout croche, mais j'avance. Dix-huit... 17... 16... 15... C'est de plus en plus difficile. Je les sens dans mon dos. Juste au moment où le 78 allait se jeter sur moi, j'aperçois Renaud à ma hauteur. Je lui fais une latérale. Il l'attrape et se sauve jusque dans les buts. Touché ! Mes coéquipiers me sautent dessus. Wô ! Wô ! Quand on n'a pas d'équilibre, même les scènes de joie nous font peur. Je suis encore écrasé au sol. Écrasé, mais heureux.

On a finalement perdu en supplémentaire, 38 à 35. Ce n'était pas un film américain. C'était encore mieux. La plus belle défaite de ma vie !

Le pouvoir des fleurs

Un beau samedi matin du mois de mai. Je me lève. Personne dans la maison. Ma sœur est à son cours de ballet. Mon frère est parti chez son ami Ronald. Papa et maman font le marché. Je m'installe devant la télé. C'est *Les Héros du samedi*. Un match de baseball pee-wee. Ben cou'donc. J'ai faim. J'ai hâte que maman revienne.

Midi passé, les parents ne sont toujours pas de retour. Que font-ils ? Je songe à me verser moi-même mon bol d'Alpha-Bits. Mais je reste écrasé. C'est meilleur quand c'est maman. Elle ne devrait pas tarder.

Tiens, j'entends leurs pas sur la galerie. Les voici enfin. Mon père entre, les bras chargés. Je vais aller lui piquer une boîte de biscuits. Ben voyons ! Ce ne sont pas des sacs d'épicerie. Ce sont des sacs de terre.

Ma mère entre, tout excitée : « On est allés acheter de la terre et des fleurs, je vais me faire une belle plate-bande. » Mon père lève les yeux au ciel : « On en a bien trop acheté ! Qu'est-ce ça donne, planter des fleurs ? Dans six mois, elles vont être pleines de neige ! » Ma mère a déjà son petit chapeau sur la tête et sa petite pelle dans les mains. Je la regarde, étonné :

— Et mon déjeuner ?

— T'es assez grand pour te verser toi-même ton bol de céréales, mon bel enfant.

Pas le temps de répliquer, elle est dehors. Les deux genoux dans le gazon, à faire des trous pour ses bégonias. Nous sommes en 1971 et ma mère vient de se libérer. Elle n'a pas brûlé son soutien-gorge. Elle n'est pas partie avec le voisin. Elle n'a pas décidé de devenir policière. Elle a planté des fleurs. Pas pour mon père. Pas pour mon frère, ma sœur ou moi. Pour elle. Elle n'allait plus passer ses week-ends à s'occuper de nous, seulement de nous, 24 heures sur 24, comme elle le faisait du lundi au vendredi. Non, le samedi et le dimanche, elle allait s'occuper des fleurs. Avec un tel sourire, avec une telle joie que ses fleurs allaient être les plus belles du quartier.

Le téléphone sonne. Je suis en train de manger mes céréales. Mon père est couché sur le sofa vert. Un coup, deux coups, trois coups. Le téléphone sonne toujours. Que fait maman ? C'est toujours elle qui répond. J'allume : elle est dehors. Je cours répondre. C'est mon oncle Jacques. Je m'en vais chercher maman. Je sors sur la galerie :

« Mon oncle Jacques, au téléphone...

— Dis-lui que je vais le rappeler. »

Elle ne lève même pas la tête. Absorbée à bêcher. Je reprends le combiné :

« Mon oncle, maman va te rappeler.

— Quoi, elle est pas là ?

— Elle est là.

— Mais si elle est là, passe-la-moi.

— Est là, mais est pas là.

— Quoi, elle est à la salle de bains ?
— Non est dans ses fleurs.
— Dans ses fleurs ?
— Oui, elle jardine.
— Vous avez un jardin ?
— Depuis 15 minutes. »

Ma mère trop occupée pour parler à son frère. C'est la fin du monde ! Je ne l'avais jamais vue comme ça. Ma mère venait de se trouver une autre passion que son mari, ses enfants, sa famille. Elle ne nous abandonnait pas ; elle nous montrait seulement qu'il y avait autre chose que nous. Qu'il y avait les fleurs. Que dorénavant, il y aurait nous et les fleurs.

Ce soir-là, nous avons soupé plus tard que d'habitude. Et ça allait être ainsi tous les samedis et dimanches de beau temps. Maman n'était plus à notre unique service. Mon père a *babouné* un peu. Le samedi matin, maman était dans son parterre à 7 h. Mon père devait s'arranger lui aussi pour son bol de céréales. Et quand on était tous sortis, c'est lui qui devait répondre au téléphone. Se lever de son sofa vert pour dire : « Léonie ne peut pas venir vous parler, elle joue dans la terre. » Puis, un jour, mon père a cessé de bouder. On ne peut pas être jaloux très longtemps d'une violette africaine. Et il a aidé ma mère. Maman râtelait, bêchait, semait, plantait. Et mon père arrosait, le boyau dans une main et la cigarette dans l'autre. Et ma mère s'extasiait : « Regarde comme elles sont belles. » Et mon père répondait : « Tu trouves pas qu'il y en a trop ? »

Bertrand, Dominique et moi avons quitté le nid familial. Mon père est parti au ciel. Mais les fleurs sont encore là, devant la maison. Et ma mère s'en occupe encore.

Avec le même bonheur que le premier samedi où elle s'est mise à jardiner. Où elle s'est épanouie. Comme une rose.

Si vous voulez faire plaisir à ma mère, ne lui dites pas qu'elle est belle, qu'elle est en forme pour son âge ou qu'elle est la meilleure grand-mère au monde. Dites-lui simplement que ses fleurs sont belles. C'est le plus beau compliment que vous puissiez lui faire. Non, ce n'est pas vrai. Ça arrive en deuxième. Le plus beau compliment que vous puissiez lui faire, c'est de lui dire que ses enfants sont fins. Surtout moi !

Bonne fête, maman ! Tes fleurs sont belles !

Le pays des démunis

Dimanche 28 août, le cyclone Katrina se dirige vers La Nouvelle-Orléans. Il devrait atteindre la ville de la Louisiane lundi en milieu de journée. Il est classé catégorie 5. Ça signifie que ça va être effrayant. Épouvantable. Catastrophique. Toutes les Miss Météo le disent. Le maire de La Nouvelle-Orléans ordonne l'évacuation de la ville. Faut pas rester là ! Les gens *paquettent* leurs petits. Embarquent dans leurs voitures et sacrent leur camp. On s'en va chez des parents, des amis, à l'hôtel, n'importe où, d'abord que c'est assez loin. Assez loin de Katrina. On va regarder ça à la télé. À Houston ou à Miami. En espérant que la maison tienne le coup.

C'est simple. Si vous voulez survivre à un cyclone, il suffit de s'enlever de sa trajectoire. Se tasser de là. Et vous restez en santé. C'est simple, si vous avez une voiture ou assez de sous pour prendre l'autobus, le train ou l'avion et vous louer une chambre d'hôtel. Mais si vous n'en avez pas, qu'est-ce que vous faites ? Vous vous dites que quelqu'un va venir vous chercher. Un ami, la police, l'armée. Que le gouvernement va agir en bon père de famille, responsable de chacun de ses enfants. Que des transports seront organisés. Des bus, des navettes. Que tous les gîtes, les pensions, les endroits publics du Texas vont être réquisitionnés pour héberger les réfugiés. Qu'on n'attendra pas après. Parce qu'après, il sera trop tard pour tous ceux qui seront morts.

Le maire de la ville continue à crier que vous devez vous en aller. Mais c'est tout ce qu'il dit. Il ne dit pas que quelqu'un va venir vous chercher. Pas de rendez-vous à un terminus pour rejoindre des convois pour les moins fortunés. Personne n'y a pensé. Ni le maire, ni le gouverneur, ni le sénateur. Et surtout pas le président. Il est en vacances, faut pas le déranger.

Tout le monde quitte la ville. Et vous restez là. Caché en-dessous de votre lit. En espérant que la météo va se tromper. Elle se trompe si souvent...

La météo ne s'est pas trompée. Katrina a frappé la ville lundi en milieu de journée. Et des milliers de personnes sont probablement mortes. On ne sait pas encore. Personne n'ose aller compter les corps. Il y a trop d'eau au-dessus des morts.

Comment le gouvernement a-t-il pu oublier d'aider ceux qui étaient dans l'incapacité de quitter La Nouvelle-Orléans par leurs propres moyens!? C'est criminel! OK, OK, soyons justes. Le gouvernement n'a pas complètement oublié les démunis. Il leur a dit d'aller s'entasser dans le Superdome. Pas pour voir les Saints contre les Chargers. Pour voir les Pauvres contre les Cyclones. Nous, on s'en va, mais si vous avez le goût d'aller au stade pendant qu'on est partis, pas de problème. C'est gratuit!

Pourquoi, dimanche dernier, le gouvernement s'est-il foutu des pauvres de la Louisiane ? Parce qu'il s'en fout tout le temps. Ils n'ont pas de lobby. Ils vont à peine voter. Ils ne donnent pas à la caisse du parti. Ils ne comptent pas. Dimanche dernier, les dirigeants américains pensaient aux dommages que Katrina pouvait faire aux puits de pétrole, pas aux getthos de la Louisiane.

Non seulement on s'est foutu d'eux avant et pendant, mais on s'en est foutu aussi après. Ça a pris cinq jours pour que les secours arrivent. Pourtant les États-Unis, c'est pas très loin des États-Unis ! En une journée, l'armée s'est rendue en Afghanistan. Mais pour se rendre en Louisiane, ça lui a pris cinq jours. Comment voyageait-elle ? En sous-marin canadien !

Durant quatre jours, on a regardé les nouvelles en se disant : « Mais comment ça se fait qu'ils ne font rien ? » On voyait les gens grimpés sur les toits des autos abandonnées, les gens accrochés après les poteaux, les gens noyés dans la boue. Arrêtez de les filmer et allez les aider ! Y sont aux États-Unis, pas au Zimbabwe ! C'est le pays le plus riche du monde. Les Américains ont assez de fric pour se rendre sur Mars, ils devraient pouvoir se rendre sur un toit de char en Louisiane.

Ce qu'il faut comprendre, c'est que les démunis n'habitent pas aux États-Unis, au Zimbabwe, au Canada, en Irak, en France ou au Rwanda. Où qu'ils soient dans le monde, les démunis habitent le pays des démunis. Un pays dont personne ne veut. Quand il y a une sécheresse en Afrique, ce ne sont pas les riches Africains que l'on voit mourir de faim sur la plage, ce sont les démunis. Ce sont les démunis qui reçoivent les bombes sur la tête au Moyen-Orient. Les démunis qui meurent de la chaleur en

Europe. Les démunis qui succombent aux épidémies. Les riches parviennent toujours à s'en tirer. Ou presque. Parfois une catastrophe les atteint, lorsqu'ils sont en vacances en Thaïlande, mais c'est rare. Les riches sont protégés contre la misère du monde. Mais ils y sont quand même sensibles. Chaque fois qu'un malheur s'abat au pays des démunis, ils augmentent le prix du pétrole.

Personne ne s'occupe du pays des démunis. Qu'ils soient Américains, Africains, Irakiens, Juifs ou Palestiniens, ils ne font pas partie des véritables enjeux. Ils ne comptent pas. Ils n'ont pas de représentant à l'ONU. Ni au G5. Ils n'ont qu'une seule force, c'est leur nombre. Parce qu'ils sont nombreux ! Ben plus que les riches. Le jour où ils vont comprendre qu'ils ne doivent rien attendre de leur supposé pays, que les États-Unis, la France, l'Afrique du Sud, l'Iran, la Chine, Haïti et toute la ribambelle des nations ne feront jamais rien pour eux... Le jour où ils vont s'unir au-delà des frontières. Le jour où ce sera EUX contre nous. On va en manger toute une ! Curieusement, on sera enfin prêts à les aider. Mais il sera trop tard.

Il aurait fallu penser à eux avant. Comme à La Nouvelle-Orléans.

Un chaton avec ça ?

L'auto roule sur la *highway*. Si je dis *highway*, c'est parce que je reviens du Nouveau-Brunswick, et là-bas on dit ça. Comme dans les chansons de Marie-Jo Thério. On a passé le week-end à Moncton, chez les parents de Marie-Pier, Suzanne et Claude. Un beau week-end. À visiter les environs, l'Île-du-Prince-Édouard et la baie de Fundy.

Des moments remplis d'amour.

Les parents de Marie-Pier ne voient plus souvent leur fille depuis qu'elle est à Montréal. Alors ils ont profité de chaque seconde pour la regarder, la couver, la dorloter, l'embrasser, la *tendresser*. Ils étaient beaux à voir. Heureux et pressés de profiter du bonheur avant qu'il ne retourne vers la grande ville.

Ils ont même gâté le *chum* avec plein de petites attentions. Pour faire plaisir à leur fille. Quel beau séjour ! Avant, on avait fait un crochet par Campbellton, pour saluer mon frère, ma belle-sœur et mes superbes nièces.

Bref, trois belles journées dans la douceur familiale. Trois belles journées à être bien, tout simplement.

Le temps se couvre. On risque de frapper de la pluie. C'est Bibette qui conduit. Bibette, c'est Marie-Pier. Elle m'appelle Bibi. Alors je l'appelle Bibette, c'est la femelle du Bibi.

On arrive à Edmundston. C'est l'heure d'une petite pause :

« Bibi, veux-tu quelque chose au Tim Horton's ?

— Un beigne, un *muffin* aux bleuets et un jus d'orange.

— J'y vais. Ce sera pas long. »

Je regarde Marie-Pier entrer dans le centre commercial. Et je souris, les deux yeux dans la graisse de *bine*. Je suis en amour. Rare. Je monte le volume de la musique. Les Cow-Boys Fringants chantent *Mon étoile filante* :

Et même si on sait ben que tout ne dure rien qu'un temps
J'aimerais que tu sois pour un moment
Mon étoile filante...

C'est beau. Et ça fait peur aussi. Mais pour qu'une étoile filante ne disparaisse pas de notre vue, il suffit de vivre dessus. Il suffit de filer avec elle. Sur sa planète. De Petit Prince. Ou de Petite Princesse.

Bibette revient avec le Tim Hortons. Elle me le donne mais n'entre pas dans la voiture :

« Au *pet shop* à côté, y'a une chatte. Est assez belle ! Elle me regardait. On la prend-tu ?

— OK. »

Et c'est ainsi que, cinq minutes plus tard, sur la banquette arrière, dans une petite cage, il n'y a pas le mouton du Petit Prince, mais le chaton de la Petite Princesse. Elle est mignonne. Tigrée grise. Une vraie chatte de gouttière. Toute petite, à peine deux mois. Marie-Pier est folle de joie. C'est le plus beau souvenir qu'on pouvait ramener du Nouveau-Brunswick. Une chatte acadienne. La Chatgouine ! Je suis content. Je n'avais pas eu de chat depuis la Fétiche de mon enfance. Maintenant, il faut lui trouver un nom :

— Que dis-tu d'Évangéline, parce qu'on la déporte au Québec ?

— Évangéline, viens manger ! Évangéline, viens manger ! C'est pas évident, Bibi !

— T'as raison...

Je me retourne vers la chatte, chercher l'inspiration. Elle miaule et essaie de me toucher avec sa petite patte. Elle est craquante. Je lui donne un bout de mon *muffin*.

« On pourrait l'appeler Karla, parce qu'elle aime le Tim Horton's !

— Franchement !

— Ou Banquette, parce qu'elle va avoir passé ses sept premières heures avec nous sur la banquette arrière.

— Banquette, c'est joli...

— Ou Binette. Oui, Binette. Parce qu'elle a une belle binette. Et ça va faire Bibi, Bibette et Binette, la famille est complète !

— Binette ? OK, pour Binette. »

Le baptême a eu lieu sur la 20, pas loin de Québec. Un peu d'eau sur le museau et le petit chaton du *pet shop* d'Edmundston est devenu Binette. Notre Binette. Notre Binette d'amour.

Arrivés à Montréal, après ce long voyage, on a hâte de la sortir de sa cage. De la voir enfin. De la contempler. Marie-Pier la libère dans l'entrée. Binette se sauve dans la cuisine et disparaît. Complètement. On la cherche. Une heure, deux heures, trois heures.

Toujours pas de Binette. On est en train de se demander si on n'a pas rêvé tout ça. Si ce n'est pas une chatte imaginaire qu'il y avait dans cette cage.

Finalement, Bibette l'entrevoit. Elle se promène derrière les armoires de cuisine, dans un mince espace entre le mur et le calorifère. Inaccessible pour l'être humain.

On est inquiets : Binette ne veut rien savoir de nous. Elle ne sait pas où elle est. Elle ne sait pas qui on est. Alors, pas folle, elle se protège, elle longe les murs. Vers 2 h du matin, elle daigne sortir de son trou. Marie-Pier la prend dans ses bras et l'emmène dans notre chambre. On passe la nuit à la regarder se promener sur le lit. À la flatter. À la faire sauter. À lui parler en bébé. Elle nous examine, l'air de se dire : « C'est qui, ces deux-là ? » Mais plus on s'en occupe, moins elle se sauve. Et plus elle a l'air d'aimer ça.

Au petit matin, l'apprivoisement est terminé. Binette nous choisit à son tour. Il n'y a pas de *maîtres shop*, pour permettre aux animaux de choisir leurs maîtres. Il faut qu'ils fassent avec ceux qu'ils ont. Je pense que Binette est bien tombée. En tout cas, elle ne se cache plus. Elle est toujours avec nous. Elle suit Bibette comme sa queue la suit. Et s'installe sur mon clavier pendant que j'écris cette chronique : « Tasse-toi, un peu ma belle Binette. Tu la liras dans *La Presse* demain avant qu'elle finisse dans ta litière. »

Oh ! Parlant de litière, sais-tu enfin où elle est ?

C'est quand, le printemps ?

Je suis dans la grande salle de l'école primaire. C'est la récréation. Il pleut à torrents. On ne peut pas aller jouer dehors. On jase. Comme des enfants de 7 ans. Notre grand sujet de discussion est nos dates d'anniversaire. Gabrielle, c'est le 12 novembre. Marc, le 6 février. Charles, le 8 août. Sophie me demande la mienne. Je réponds : « C'est le printemps. » J'aime ça, faire mon original. Alors Sophie dit : « C'est le 21 mars ! » Je réplique : « Non, c'est le 20 mars. » Sophie lève les yeux au ciel : « Ta fête, c'est pas le printemps, c'est la journée avant ! » Je jure qu'elle a tort, que le printemps c'est le 20 mars. Marc et Charles s'en mêlent. Ils disent que je suis dans le champ. Que tout le monde sait que le printemps, c'est le 21. Comme l'hiver est le 21 décembre. Et l'été, le 21 juin. Je tiens mon bout. On parie ? Pas de problème ! Je te donne ma carte d'Yvan Cournoyer si j'ai tort. Tu me donnes ta carte de Bobby Hull si j'ai raison. Tope là ! Avant que la classe commence, Marc va voir le prof :

« Monsieur, c'est quand, le printemps ?

— Le 21 mars. »

Ha ! Ha ! Toute la bande me regarde de haut. J'ai beau dire que M. Dubuc ne connaît pas ça, que sa matière, c'est le français, que tout le monde se trompe, qu'il y a une grande conspiration autour de la date du printemps, que moi, je la sais, la vraie date... Peine perdue. Je n'ai plus aucune crédibilité. De ma carte d'Yvan Cournoyer, je suis dépossédé. De ma réputation d'encyclopédie vivante, aussi.

Des semaines et des semaines plus tard, le 20 mars arriva. Et le printemps avec lui. Pendant que mes amis me souhaitent bonne fête, je leur dis : « Avez-vous écouté la radio, ce matin ? Le prof Lebrun l'a dit : le printemps est arrivé à 8 h 22 ce matin. Le printemps, c'est aujourd'hui ! » Ils m'embrassent avec un petit sourire : « OK, OK, puisque c'est ta fête, on va dire que le printemps, c'est aujourd'hui et pas demain ! Cré Laporte ! » Pourquoi suis-je le seul à écouter le prof Lebrun avec attention ?

Incompris ! Toute ma vie, j'ai été incompris. Vous trouvez ça mignon, cette histoire d'enfant qui veut croire qu'il est né avec le printemps ? Ce n'est pas mignon ! C'est vrai ! Je sais que vous aussi, vous pensez que le printemps arrive le 21 mars. Toutes les personnes que j'ai rencontrées depuis ma naissance ont cette conviction. Des débats sur la journée du printemps, j'en ai fait plus que sur le référendum ou sur la rivalité Canadien-Nordiques. Et je les ai tous perdus. Ou alors les gens finissaient, de guerre lasse, par être d'accord pour me faire plaisir. Pourtant, le printemps, cette année, va arriver DEMAIN 20 mars à 13 h 26. Et l'année prochaine, ce sera le 20 mars à 19 h 7. Et en 2008, ce sera le 20 mars à 0 h 48. Et en 2009, le 20 mars à 6 h 43. Et en 2010, le 20 mars à 12 h 31. Et en 2015, le 20 mars à 17 h 45. Et en 2050, le 20 mars à 5 h 19. Je sais, ça peut arriver que le printemps arrive le 21 ou le 19 mars, mais ça n'arrive pas souvent, comme vous le voyez.

Règle générale, le printemps arrive le 20 mars. Alors pourquoi même les profs pensent-ils que c'est le 21 ? Parce que c'est plus simple. Plus facile. Comme Marc et Charles, ils disent : l'été arrive le 21 juin, l'hiver, le 21 décembre, l'automne, le 21 septembre et le printemps, le 21 mars. On a juste à retenir le chiffre 21. C'est facile et faux. L'automne arrivera le 23 septembre, cette année. Et l'hiver, le 22 décembre.

Je sais que ce n'est pas grave. Que le printemps arrive le 20 ou le 38, l'important c'est qu'il arrive. Mais pour l'enfant que j'étais, cette ignorance généralisée fut très révélatrice. J'ai vite compris que ce n'est pas parce que tout le monde s'accorde sur quelque chose que c'est vrai. Que tout le monde peut se tromper. Que la majorité peut avoir tort et se complaire à croire qu'elle a raison. Qu'un marginal peut détenir la vérité.

Si j'étais né le 17 décembre au lieu du 20 mars, moi le premier, je dirais que le printemps, c'est le 21. On dit tellement de faussetés avec assurance. Sans trop savoir. Les journaux sont remplis d'à peu près. Et nos conversations aussi. Même nos principes. À la commission Gomery de la vie, on est tous des inculpés, à divers degrés ! Quand des gens tuent au nom de Dieu, c'est peut-être qu'ils ont été mal informés. Très mal informés !

Bon printemps demain ! Profitez-en ! Et Marc, si jamais, dans ton ménage du printemps, tu trouves une vieille carte d'Yvan Cournoyer, elle est à moi. Ça tombe bien, c'est mon anniversaire.

Le dimanche 16 octobre 2005

Hélicoptèreman

New York a Batman, Superman et Spiderman pour le
protéger. Montréal n'avait rien avant l'arrivée de
l'hélicoptère de TVA. Nous avons maintenant nous aussi
un héros qui veille sur nous : Hélicoptèreman.

Quand il se passe quelque chose dans les rues de
Montréal, quand la population est menacée, Hélicoptèreman
est là. Quand les policiers courent après les méchants
bandits, ou plutôt quand les méchants policiers courent
après les bandits, Hélicoptèreman arrive à leur rescousse.
Ou presque. Car Hélicoptèreman est un héros un peu
moumoune : il reste dans les airs. Batman, Superman et
Spiderman arrivent du ciel eux aussi, mais ils descendent
pour venir sauver les victimes. Ils se battent. Donnent des
coups et en prennent. Pas Hélicoptèreman. Hélicoptèreman
reste dans les airs. Avec son gros œil bionique, il regarde
la scène et la projette dans les foyers montréalais. Il ne
descend pas sur terre extirper la pauvre femme des mains
des méchants policiers. Non, il reste dans les airs et il la
regarde. Il la filme pour que tout le monde la voie.

Hélicoptèreman est le premier héros *stouleux*. Il nous montre le méchant, mais il ne l'attrape pas. C'est à nous de le *pogner*. Il nous surveille, c'est tout. Bref, l'hélicoptère de TVA, c'est *Big Brother*. C'est le cas de le dire, surtout quand c'est sa petite sœur qui se fait brasser.

Bon, c'est sûr que ce n'est pas Batman et ses amis, mais c'est mieux que rien. Grâce à l'hélicoptère de TVA, plus rien ne sera pareil dans les rues de Montréal. Toute personne s'apprêtant à commettre un geste illicite va non seulement regarder autour d'elle avant de le faire, mais surtout au-dessus d'elle.

Un voyou essaie de voler votre auto. Il *gosse* avec un cintre pour ouvrir la portière. Fuk-fuk-fuk-fuk-fuk ! (Ça, c'est le son d'un hélicoptère tel que décrit par le grand Yvon Deschamps dans *Cable TV*.) Donc : Fuk-fuk-fuk-fuk-fuk ! L'hélicoptère TVA le survole, il risque de passer aux nouvelles. Le voyou abandonne son projet et prend la poudre d'escampette. Merci, Hélicoptèreman !

Un badaud marche sur le trottoir, il vient de finir de manger une pomme. Plutôt que d'en jeter le cœur dans une poubelle, il le jette par terre. Fuk-fuk-fuk-fuk-fuk ! L'hélicoptère TVA le survole, il risque de passer aux nouvelles. Il ramasse son cœur de pomme et s'empresse de le jeter dans la poubelle. Merci, Hélicoptèreman !

Vous êtes partie magasiner, votre mari va rejoindre votre voisine dans sa piscine pour une baignade torride. Fuk-fuk-fuk-fuk-fuk ! L'hélicoptère TVA le survole, il risque de passer aux nouvelles. Il retourne sagement dans le foyer conjugal, avec son p'tit bonheur dans les mains. Merci, Hélicoptèreman !

Non, les Montréalais ne seront plus jamais les mêmes. Ils vont marcher droit. Maintenant, la voix de leur conscience fera fuk-fuk-fuk-fuk-fuk ! Du haut du ciel, Hélicoptèreman veille sur nous. Comme le Bon Dieu. Et, comme le Bon Dieu, il n'intervient pas. Il fait juste nous faire filer *cheap*.

Maintenant, les *pushers*, les *scalpers* et les prostituées ne pourront plus faire leur commerce à la belle étoile. Il va leur falloir un abri Tempo pour pouvoir faire leurs transactions. Sinon, Hélicoptèreman va les dénoncer. Fini les cols bleus qui se *pognent* le derrière dans un chantier de construction. Fini les fonctionnaires qui prennent des pauses de 30 minutes pour fumer dehors. Fini les maîtres qui ne ramassent pas les crottes de leur chien. Hélicoptèreman va mater tous ces délinquants.

Mais qui dit super-héros, dit aussi super-méchant. Qui sera à Hélicoptèreman ce que le Joker est à Batman ? Voyons, c'est facile à deviner. Il est déjà parmi nous. Il est la pire menace de notre ville. La plus grande calamité. La plaie la plus profonde. Nidepouleman ! Nidepouleman est en train de creuser la tombe de notre ville. Hélicoptèreman pourra-t-il aider notre maire à gogo à se débarrasser de ce fléau ? Du haut du ciel, il peut tous les voir, ces nids-de-poule qui démolissent nos suspensions. Mais il ne suffit pas de les montrer, il faut les remplir. Si Spiderman peut tisser des toiles entre les gratte-ciel, Hélicoptèreman devrait pouvoir propulser du goudron dans les trous, juste avant qu'une voiture ne soit prise au piège. Ça, ce serait chic ! Ça, ce serait héroïque. Pour que Hélicoptèreman devienne vraiment un super-héros et que la population lui voue un culte, il doit faire plus que filmer des embouteillages, des incendies et des policiers en rut ; il doit nous débarrasser de Nidepouleman. Alors là, il deviendra une légende !

À toi de jouer, Hélicoptèreman !

Grâce à toi, maintenant, nous savons que, lorsque nous entendons fuk-fuk-fuk-fuk-fuk au-dessus de nous, rien ne peut nous arriver. Nous sommes en sécurité. S'il te plaît, Hélicoptèreman, viens me survoler ! Viens me sauver !

Le pouvoir du cornet de crème glacée

C'est une belle soirée chaude à Kennebunkport. Et comme tous les soirs de vacances, la famille Laporte fait une promenade le long des quais. On regarde les petits bateaux, les vagues se briser doucement sur eux et le coucher de soleil au loin. On est bien.

Et c'est à cet instant, alors que, contemplant le paysage, on se demande comment on pourrait être mieux, que ma mère dit la phrase magique : « Voulez-vous un cornet de crème glacée ? » Mon frère, ma sœur et moi, on saute de joie. On crie « OUI ! » Comme si c'était la première fois que ma mère nous offrait de la crème glacée. Pourtant, on en a mangé hier. Et avant-hier. Et avant-avant-hier. Tous les soirs depuis qu'on est au bord de la mer. Mais chaque fois ça provoque le même effet. Chaque fois, c'est Noël. Il n'y a que ça pour rendre notre bonheur encore plus grand.

Nous marchons vers le comptoir de crème glacée, juste avant le petit pont. Mon père, ma mère, nos deux tantes et les enfants. On sourit tous. Sauf mon papa, qui ne sourit jamais. Mais dans ses yeux on voit qu'il est content.

On pense à notre choix. Pistache ? Vanille ? Citron ? Menthe ? Trois couleurs ? Chocolat ? Banane ? Café ? Framboise ? Le débat fait rage pendant qu'on attend dans la longue queue. Tout le monde hésite. Tout le monde se pose des questions. Et pourtant, au final, c'est toujours la même chose. Maman prend au café, papa à l'érable, Marie-Laure à la mangue, tantôt au citron, mon frère au caramel, moi à l'orange avec des pépites de chocolat. Et ma sœur, qui n'arrive jamais à se décider, prend une boule au chocolat, une à la pistache et une à la vanille.

Voilà, la commande est passée. On attend, impatients. Plus personne ne parle. On est trop fébriles. Comme s'il n'y avait plus que le mot crème glacée dans notre cerveau. Et que, tant qu'elle ne serait pas dans nos mains, on ne pourrait penser à autre chose. C'est prêt ! Les grands font la distribution aux petits. » Tiens, orange, c'est pour toi, fais attention de ne pas te salir. »

Et on poursuit notre marche. Mais on ne marche plus comme avant. Avant, on marchait droit, presque en rangs, disciplinés. Maintenant, on virevolte de tous les côtés. On s'arrête pour lécher. On se tourne, on se retourne. On devient plus léger. On devient insouciant avec un cornet entre les mains. Il ne manque qu'une petite musique de carrousel et on se croirait dans un dessin animé. Après quelques minutes de zigzag, on trouve un banc près de la maison de bonbons. Et on s'assoit. Parce que ça commence à couler. C'est là que les échangistes se font aller. « Est-ce que je peux goûter à la tienne ? Hmm, chocolat, c'est bon. Ouache, mangue, j'aime pas ça. » Et toujours cette impression de goûter pour la première fois à cette divine crème. Quand on mange un cornet de crème glacée, c'est toujours la première fois.

Moi, ce qui me fascine, c'est mon père. Mon père est en pantalon, une chemise blanche à manches longues boutonnée jusqu'au cou. Il n'a pas sa cravate, mais c'est tout juste. Peu importe ce qu'il fait, mon père est toujours habillé comme pour aller travailler.

Même en vacances. Mon père a toujours eu 50 ans. Même à 40, même à 20 ans. Mon père est un monsieur. Mon père est un grand. Sauf lorsqu'il mange de la crème glacée. L'image ne tient plus. Quand je regarde papa lécher son cornet, c'est la seule fois que je vois l'enfant en lui. Un cornet de crème glacée transforme en gamin tous les adultes. Même les plus sérieux. Même le pape. Et mon père aime la crème glacée. Même s'il ne dit pas à quel point c'est bon, comme ma mère le fait. Ça se devine, à voir aller sa petite langue. À le voir tourner le cornet de tous les côtés. Et le croquer pour qu'il soit toujours égal. Oui, mon père adore la crème glacée. Et ça me fait plaisir de voir que tout en lui n'a pas vieilli. Il vient de finir son cornet. Plus rien ne paraît. Pas une tache sur sa chemise blanche. Pas comme moi. Quelques gouttes sur mon t-shirt. Quelques pépites sur mes jeans. Je m'approche de papa : « Veux-tu le finir ?

— Je t'avais dit de ne pas prendre trois boules.

— Ce soir, je pensais avoir vraiment faim.

— Tu prends toujours trois boules

— Ça doit être le comptoir de crème glacée qui influence ma faim.

— Allez, donne-le-moi. »

Et mon père finit mon cornet. En se faisant prier un peu, pour la forme. Au fond, il n'attendait que ça. Et moi, je suis content. Ça me permet de le voir pendant quelques minutes encore avoir l'air d'un enfant. Comme tous les autres. C'est pour ça que j'adore aller à la crème glacée. Pendant un petit bout de la soirée, toute la famille Laporte a mon âge. Toute la famille Laporte a 5 ans.

Tous les cornets sont terminés. La nuit tombe. On revient vers le chalet. Il commence à faire frais. Mes tantes réchauffent ma sœur. Moi je donne la main à ma mère. Mon frère marche à nos côtés. Et deux, trois pas devant, mon père ouvre la route. Il fume une cigarette. Il est redevenu le paternel, le grand. Mais je suis certain que, au fond de lui, il a déjà hâte à demain soir. Comme moi.

Deux semaines avant de rappeler !

O n a appris cette semaine que le président des États-Unis, George W. Bush, avait attendu deux semaines avant de rappeler le premier ministre du Canada, Paul Martin. Deux semaines. C'est long, quand même. Paul Martin, ce n'est pas une machine qui veut t'abonner à la Gazette. C'est un chef d'État. Du G8. Ça demande un peu de considération.

Admettons que, le jour de l'appel, Bush était occupé. Il jouait au golf ou il était allé cueillir des bretzels. Bon. Il est rentré à la Maison-Blanche ; le soir, il a écouté son répondeur : « *Hi, George, it's me, Paul Martin, the prime minister of Canada. You remember Canada ? Your voisin in the snow. The place where your father come fishing. I must talk to you. Call me back, it's important. Bye, eh !* » Bush, bien assis dans son fauteuil de président, s'est dit : « Je suis crevé, ça ne me tente pas tout de suite. Qu'y mange un bouclier ! » Et il est allé se coucher. C'est correct. Un gars a le droit d'être fatigué.

Mais le lendemain, qu'avait-il tant à faire le lendemain, pour ne pas rappeler Ti-Paul ? Un discours ? Un budget ? Un plan de guerre ? OK. Mais le surlendemain ? Le surlendemain, il devait bien avoir cinq petites minutes pour son vassal canadien ? Même pas. Ça a pris 15 jours. C'est long, 15 jours.

Chers lecteurs, quelles sont les personnes qui doivent attendre 15 jours avant que vous les rappeliez ? Votre femme ? Je ne pense pas. Votre femme fait sûrement partie de la liste des personnes prioritaires. Que vous n'ayez pas répondu au téléphone et qu'elle soit obligée de vous laisser un message est déjà un affront. Alors imaginez si vous attendez 15 jours pour la rappeler. Entre le moment où l'on prend le message de sa conjointe et le moment où on la rappelle, il se passe généralement 15 secondes. W est comme tous les hommes, il doit rappeler la première dame assez *rapido*. Surtout depuis que Clinton a prouvé que la Maison-Blanche peut être un lieu de perdition.

Quand le patron cherche à nous joindre, on le rappelle le jour même. En dedans d'une heure. Avec les membres de la famille, il y a un peu plus de jeu. Ils ne nous appellent généralement pas pour des affaires urgentes. On peut rappeler sa mère ou sa sœur le lendemain. Mais mieux vaut avoir une bonne raison. Avec les amis, ça dépend. Il y a des amis que l'on rappelle immédiatement et d'autres que l'on fait attendre quelques jours. Tout dépend de l'intensité de la relation. Mais peu importe l'amitié, un délai de trois jours est vraiment le gros maximum. Un ami a beau être compréhensif, l'indifférence a quand même ses limites.

Il reste les connaissances. Les gens qui ne sont pas si proches de vous mais qui vous appellent pour des raisons particulières. Curieusement, ce sont souvent les personnes que l'on rappelle très rapidement. Parce qu'on n'est pas habitué à avoir des messages d'eux et que ça pique notre curiosité. Cependant, les connaissances ne s'attendent pas à ce qu'on les rappelle sur-le-champ. On peut donc étirer l'élastique durant une semaine. Après une semaine, mieux vaut ne pas les rappeler du tout. La connaissance ne voudra plus rien savoir de vous.

Donc, on rappelle sa blonde *illico*, le patron le jour même, la famille le lendemain, les amis au cours des trois jours suivants et les connaissances, durant la semaine. Qui rappelle-t-on après deux semaines ? Les *téteux* ! Les *téteux* ! Au fond, ce sont ceux qu'on ne voudrait pas rappeler *pantoute*. Et tous les jours on se dit, en voyant leur nom dans notre *Palm* électronique : « Ah ! non, pas lui, faudrait ben que je le rappelle... Ah, pis m'a le faire demain. » Et les jours passent. Puis après deux semaines, on rappelle le *téteux* avant qu'il ne nous rappelle. De peur qu'il ne nous téléphone à un moment inopportun. Les *téteux* sont bons là-dedans.

Dans le cas de la relation Bush-Martin, il faut ajouter un élément à l'appel tardif : le boudin. Bush boudait parce que le Canada ne participe pas au bouclier antimissile. Quand on boude, une personne peut passer du statut de grand ami à celui de *téteux*. Même un conjoint. Personne n'est à l'abri du boudin.

En ce dimanche de mars, amusez-vous à tester vos relations. Laissez des messages à tous vos amis, et selon le temps qu'ils prendront pour vous rappeler, vous saurez si vous êtes pour eux un amour, un ami, une connaissance ou un Paul Martin.

❧❧❧

Pour que vive la vie

Je dépouille mon courrier. Tiens, ma nouvelle carte d'assurance-maladie. J'ouvre l'enveloppe. Je prends ma carte. Et je signe le petit autocollant concernant les dons d'organes qui l'accompagne. Je l'appose au verso. Voilà, c'est fait. Ça n'a pas fait mal. Je viens peut-être de sauver une vie. Ce n'est pas rien, une vie.

Je me demande pourquoi tous les Québécois ne le font pas. Signer le petit autocollant. C'est si simple. Et si important. Pourquoi ils l'oublient ? Pourquoi ils ne veulent pas ? Probablement parce qu'ils ne connaissent pas Annie Desgagnés.

Annie, c'est une de mes amies. Elle travaille aux Productions J. Vous ne croiserez jamais un regard plus intense que le sien. Vous ne verrez jamais des yeux plus remplis de vie que les siens. Et pourtant...

Annie n'avait que 17 ans lorsqu'elle a appris qu'elle souffrait de glomérulonéphrite membraneuse. Un terme savant pour dire que ses reins sont foutus. Qu'ils sont en train de l'empoisonner. De la tuer. Annie est condamnée.

Mais elle ne veut pas le croire. Ni l'accepter. Plutôt que de mourir, elle décide de vivre encore plus. Elle poursuit ses études, travaille et monte des spectacles. Et ça marche ! Personne ne pourrait se douter que la belle Annie n'est pas en santé. Sauf elle. Elle le sait. Elle a peur. Tout le temps. Peur que ça s'arrête. Pour toujours. Et cette peur gâche tout. Elle a beau foncer en tentant de la semer, elle n'y parvient pas. Jamais.

Puis un jour, elle frappe le mur. La peur a gagné la course. La peur avait raison. Son arsenal de pilules et de seringues ne suffit plus. Elle a le teint terreux, des essouf-flements, des maux de cœur, des vomissements. Elle n'a plus une once d'énergie. Elle n'a plus le choix. Elle doit entrer en dialyse. C'est la seule façon de nettoyer son sang. Fini le travail. Fini les projets. Trois fois par semaine, elle relie son corps à une machine. Elle ne vit plus. Elle survit.

Son seul espoir : la greffe. Avoir un nouveau rein, un rein à elle. Un rein comme tous les reins. Qui fait sa *job*. Bien. Sans qu'on y pense. Et qui permet de faire tout ce qu'on aime. Son nom est inscrit sur la liste d'attente. Elle porte le téléavertisseur de Québec-Transplant à la taille. Tout le temps. Et elle attend la sonnerie du miracle. La sonnerie de sa résurrection. Elle est chanceuse. Ç'aurait pu prendre deux ans, ç'aurait pu prendre cinq ans. Ç'aurait pu être trop tard, comme pour plusieurs. Mais ça a pris six mois.

Elle est chez elle, à l'Isle-aux-Coudres, en train de regarder la télé. Il est 22 h 25. Le téléavertisseur sonne. Son cœur bat très fort. Sa vie s'arrête. Elle rappelle Québec-Transplant : « Nous avons un rein pour toi. » Elle va renaître. Elle se précipite à Québec. C'est l'opération. La greffe. La convalescence. Et puis la vie qui recommence.

Une vie toute bleue. Un vie sans nuages noirs. Pour la première fois, depuis très longtemps, Annie n'a plus peur. Sa sentence est levée. Annie est libérée. Cette peur qui gâchait son existence est partie. Cette peur de mourir, parce qu'elle portait en elle son tueur, s'est évanouie. Ses reins empoisonnés sont débranchés. Elle a maintenant en elle un bon rein. Qui purifie son sang. Il prendra bien soin d'elle. Et elle prendra bien soin de lui. Ce rein, c'est sa deuxième chance. Souvent Annie touche l'endroit où il est greffé. Comme pour le remercier. C'est fou. Avant, il aidait à vivre quelqu'un d'autre. Mais le destin a tout mélangé. Et la mort a donné la vie. Annie peut maintenant travailler, jouer, rêver. Comme nous tous. Mais elle, elle sait que le présent est notre éternité.

La personne qui a donné son rein à Annie n'a pas seulement aidé Annie à vivre. Elle a aidé tous ceux qui ont croisé Annie ne serait-ce qu'une fois à mieux vivre. Car lorsqu'on est devant elle, on ne peut plus oublier à quel point la vie est belle. Devant son sourire et ses yeux pétillants, on le réalise tellement. On le ressent profondément. C'est son énergie. Sa présence. Son âme. On dirait qu'elle en a plus. On dirait qu'elle en a deux. Comme si elle ne s'était pas fait greffer seulement un rein. Comme si elle s'était fait greffer aussi un morceau de ciel. Ce bout du ciel où est la personne qui l'a sauvée. Ce bout du ciel où elle a bien failli s'exiler. Il est en elle. Et elle le sait. Et ça lui donne un peu d'avance sur nous.

Ça prend des survivants pour rappeler à ceux qui l'ont facile que la vie n'a pas de prix. Que la vie est le seul bonheur. Merci Annie. Et merci à l'ange que l'on ne connaît pas et qui vit encore à travers Annie.

La mémoire d'un cégépien

Midi.
L'amphithéâtre est bondé. Tous les étudiants du Cégep Marguerite-Bourgeoys sont là. On a mangé à toute vitesse et on s'est précipités ici. L'association étudiante a convoqué une réunion d'urgence. Un mouvement de grève s'est déclenché dans tous les cégeps de la province pour protester contre la hausse des droits de scolarité. Et on doit décider si on se joint aux autres ou pas.

On est tout excités. Enfin de l'action ! Normalement, dans nos assemblées générales, on débat du fait qu'il y a trop de disco aux danses du vendredi soir. Cette fois, on a une vraie cause. L'accessibilité des études. C'est Mai 68, 10 ans plus tard ! Le pouvoir aux étudiants ! Vive la révolution !

J'en mets un peu. Après tout, on est un cégep de snobs. Situé sur le boulevard Westmount. On n'est pas au Vieux-Montréal. Il n'y a pas beaucoup de Che Guevara dans la *gang*. C'est plus des fils et des filles à papa. C'est plein d'autos dans le stationnement. Mais, même les *nerds* ont le droit de rêver qu'ils peuvent changer le monde.

Oh! Il y a une place libre à côté de Chantale Brunet. J'y vais. J'y cours. Chantale Brunet, c'est mon fantasme absolu. Comprenez-moi, j'ai passé cinq ans au Collège de Montréal. Cinq ans avec seulement des gars. Et, à mon arrivée au cégep, elle fut ma première vision. Quand je suis arrivé devant l'école, elle était étendue sur la pelouse et lisait un livre. La foudre m'a frappé. Tellement fort que, huit mois plus tard, je ne suis pas encore capable de lui dire un mot. Mais je suis capable de m'asseoir à côté d'elle. Elle me sourit. J'essaie de ne pas m'évanouir.

Le président de notre conseil étudiant, Jean Laporte, nous souhaite la bienvenue. L'heure est grave. Il nous faut voter pour ou contre la grève. Et pour nous expliquer les tenants et les aboutissants de ce dossier complexe, le président cède la parole au vice-président du conseil étudiant, Jean-Marc Fournier.

Oui, Jean-Marc Fournier! LE Jean-Marc Fournier! Celui qu'on voit à la télé! Le ministre de l'Éducation Jean-Marc Fournier était le vice-président du conseil étudiant de mon cégep. Le monde est petit. Et ambitieux.

Il était exactement comme il est aujourd'hui. L'œil intelligent, le cheveux fourni, le nez un peu en l'air. Il parlait bien. Sociable, poli et gentil. Vraiment.

Il était toujours assis au centre de la cafétéria. Ce qui en dit long. Car c'est très important, la place qu'on occupe dans la cafétéria. C'est ce qui définit le cégépien. À droite, c'était le clan des filles de bonne famille, des filles de Villa Maria entourées de leurs petits prétendants un peu *téteux*. À gauche, il y avait les gratteux de guitare, les granos, les fumeux de *pot*, les hippies. Au centre, c'était la bande des gars « gars ». Des vrais hommes. Des forts en gueule. Qui buvaient de la bière, jouaient aux cartes et dégageaient de la testostérone. Les futurs avocats, les futurs présidents d'agences de pub. Entourés de leurs soupirantes *cheerleaders*.

Moi, je me promenais entre la droite et la gauche. Mes *chums de gars* étaient à gauche. Mais Chantale Brunet s'assoyait à droite. J'étais un hippie *téteux*!

Silence total dans l'amphithéâtre. Le grand orateur Jean-Marc Fournier va nous expliquer la position du conseil étudiant par rapport à la hausse des droits de scolarité décrétée par le gouvernement péquiste.

Vous vous mourez de savoir ce qu'a bien pu dire le jeune Jean-Marc Fournier lorsqu'il était de l'autre côté de la clôture, de l'autre côté du barrage policier...

Je ne m'en souviens plus. P'us *pantoute*. J'ai honte. Ça fait un mois que j'essaie de m'en souvenir en sachant que ça ferait une superbe chronique. Imaginez, j'ai eu la chance d'avoir Jean-Marc Fournier comme représentant étudiant. Comme ce serait savoureux de le confronter aux propos qu'il a tenus durant sa folle jeunesse, au temps de ses nobles idéaux! Je ne me souviens de rien. Pas un mot de ce qu'il a dit.

Il n'aurait pas fallu que je sois assis à côté de Chantale Brunet. Je me souviens seulement de son parfum. Il sentait bon. Il sentait le lilas. C'est tout ce que je peux vous dire : pendant que Jean-Marc Fournier se prononçait sur la grève étudiante, Chantale Brunet sentait le lilas. Traitez-moi d'étudiant désintéressé, désengagé, si vous voulez. Mais j'étais juste un gars en train de découvrir l'amour. C'est d'ailleurs la seule chose que j'ai apprise au cégep : l'amour. Et c'est la plus importante. Tout ce qu'on fait au cégep, on le fait par amour. Même la grève. Combien de manifestants tiennent tête aux policiers dans l'espoir de séduire la belle châtaine qui sent le muguet ?

C'est bien beau, l'amour, mais ce serait quand même bien de savoir ce que le Jean-Marc ado a dit. Je vais appeler Stéphane L'Écuyer. Si quelqu'un peut se souvenir de ce qui s'est passé durant cette assemblée, ça ne peut être que lui. Il a une mémoire phénoménale et c'était le grand *chum* de Fournier. C'est un peu gênant. Ça fait au moins 20 ans que je ne l'ai pas appelé. Mais il faut ce qu'il faut. J'attrape les pages blanches :

« Allô, Stéphane ? c'est Stéphane Laporte. Ça va bien ?

— Ça va très bien ! Toi ?

— Numéro 1. Je m'excuse de te déranger, mais j'ai besoin de ton aide pour une de mes chroniques. Tu te rappelles que Jean-Marc Fournier était le vice-président de notre association étudiante à Marguerite-Bourgeoys ?

— Bien sûr !

— Te souviens-tu de son discours lors du vote sur la grève ?

— ... »

Il ne s'en souvient pas. Il était assis de l'autre côté de Chantale Brunet.

꽃

Le manteau en poil de chameau

Dimanche matin, toute la famille est dans le vestibule. On s'en va à l'église. Mon père met ses claques. Ma mère dit qu'il faut appeler ça des caoutchoucs, mais mon père appelle ça des claques. Deux grandes chaloupes pour protéger ses beaux souliers de la neige et du sel. Ma sœur enroule son grand foulard mauve. Mon frère enfile ses bottes. Et moi, je m'apprête à entrer mon bras dans la manche de mon vieux coupe-vent.

« Attends Stéphane, attends ! »

Ma mère, tout excitée, sort du placard un autre manteau : « C'est le premier dimanche de l'Avent, faut que tu mettes un beau manteau. Tiens ! » Elle me tend un manteau brun-beige. Il me semble l'avoir déjà vu. Ma mère m'aide à le mettre. Ça y est, ça me revient. C'était le manteau en poil de chameau de mon frère. Avant de devenir le manteau en poil de chameau de ma sœur. Et ce matin, il ressort des boules à mites pour devenir le manteau en poil de chameau du plus jeune. C'est-à-dire moi-même. Autant ma mère est contente, autant je suis perplexe.

« Ah ! Il te fait bien ! Comme t'es beau ! Regarde, Bertrand, comme Stéphane est beau...

— Mon père me regarde : « Ouais, ouais. »

Ma sœur aussi jette un coup d'œil : « Qu'est-ce qu'il fait avec mon vieux manteau ? »

Ma mère répond : « C'est le manteau familial ! Junior l'a porté, tu l'as porté et, là, c'est au tour de Stéphane. »

Je ne sais pas ce que ce manteau avait de spécial mais, pour maman, il avait l'air bien important. Soit il avait coûté très cher, soit il avait pour elle une valeur sentimentale inconnue. Une tradition ancestrale : le manteau en poil de chameau.

Je n'ai toujours pas dit un mot. Je me regarde dans la glace et je ne me reconnais pas. J'aimais bien mon vieux coupe-vent bleu. Maman se penche vers moi.

« L'aimes-tu ?

— J'ai l'air d'une fille.

— Ben non, t'es tout beau...

— C'est le manteau de Dodo.

— Ta sœur l'a porté, mais ton frère l'avait porté en premier... »

Ça, on me l'a dit, mais j'étais trop petit, je ne m'en souviens pas. Mais je me souviens très bien d'avoir vu ma sœur, des centaines de dimanches, aller à l'église sur ce chameau.

« Je veux l'enlever...

— Ben voyons, Stéphane ! T'es pas sérieux ! Je suis assez contente qu'il te fasse enfin. C'est le plus beau manteau que j'ai jamais vu !

— Je veux l'enlever... »

Mon père met fin aux discussions : « Faut y aller, on va être en retard. »

Je mets mes mitaines en *babounant* et je baisse ma tuque jusqu'aux yeux. Ma mère rapplique : « Non, non, Stéphane, avec ce manteau-là, il y a un beau chapeau ! » Et elle me tend la chose. C'est quoi, ça ? Une espèce de casquette de Sherlock Holmes en poil de chameau qui s'attache sous le menton avec un bouton à pression. Ça me serre la mâchoire. Là, c'est trop. Nous n'avons pas fait deux pas dehors que je détache la casquette de fourrure et je la lance dans le banc de neige. Oh, oh... Ça va mal finir !

« Stéphane ! Garde ton chapeau ! » Ma mère le récupère et l'attache de nouveau sous mon menton. Je me mords la lèvre d'en bas. C'est mauvais signe. Et je me débarrasse à nouveau de ma coiffure. Cette fois, mon père intervient : « Stéphane ! » Il ramasse le chapeau et essaie de me le mettre. Mais il n'arrive pas à fermer le petit bouton. Je me mets à pleurer. J'ai 7 ans, j'ai le droit. Les voisins se retournent sur le trottoir. Mon père s'acharne toujours sur le bouton-pression et finalement abandonne : « Ah ! pis quin, tu veux pas le mettre, mets-le pas ! » Il fourre le chapeau dans sa poche. Je cesse de pleurer. Ma mère n'est pas d'accord : « Voyons, faut qu'il mette son chapeau, il fait froid. » Mon père donne le chapeau à maman. Elle me le met sur la tête, attache le bouton. Je me remets à pleurer. Mon père hausse le ton : « Stéphane, arrête de pleurer. » J'arrête. Mais je renifle. Et me lamente doucement.

On arrive enfin à l'église. J'enlève mon chapeau. Les yeux plein du frimas de mes larmes gelées. Je prie. Je prie pour retrouver mon vieux coupe-vent bleu.

Au retour, le cirque recommence. Ma mère attache mon chapeau. Je le lance à terre. Elle me le remet. Je pleure jusqu'à la maison.

Étais-je allergique au poil de chameau ? Je ne sais pas, mais jamais un vêtement ne m'avait fait un tel effet. Passe encore que je porte le vieux manteau de ma sœur dans lequel je ressemblais à une fille. Mais le chapeau qui attache sous le menton, c'était trop. C'était la prison. Je l'ai porté avec ma tuque du Canadien la semaine suivante.

Puis, le soir de la messe de minuit, l'avent était fini et mon calvaire aussi. Ma mère m'a laissé mettre mon vieux coupe-vent. Noël, c'est la paix. Le manteau en poil de chameau et son chapeau sont retournés dans les boules à mites. Pour y rester. Mon émancipation venait de commencer. Et ma foi de se renforcer. Dieu m'avait exaucé.

Le plus bel abri contre la pluie

Il pleut à boire debout. Il pleut à boire de la boue. Pas question de jouer dehors. Ni de fumer en cachette dans un coin. Le temps est trop enragé. Il fait tellement mauvais que même le grand Asselin est à la bibliothèque. Ce midi, tout le collège est en train de lire.

Plusieurs lisent des Tintin, des Astérix ou des Achille Talon. Certains lisent Bob Morane ou Arsène Lupin. D'autres lisent *Le Seigneur des Anneaux*. Et il y a Langlois et Paquet qui lisent Proust et Céline.

Aujourd'hui, Langlois et Paquet doivent se sentir envahis : bien souvent, ils sont les seuls à être ici. Il peut faire un soleil hawaïen dehors, 32 degrés à l'ombre, les filles de Villa Maria peuvent se promener en costume de bain devant les murs du Collège de Montréal, Langlois et Paquet sont à la *bibli*. Tous les midis. Et tous les soirs aussi. Toujours assis à la même place. L'un en face de l'autre. D'habitude, il n'y a personne autour d'eux. Ils ont la paix. Langlois et Paquet, ce sont les deux *bollés* du Collège de

Montréal. Souvent, les gars rient d'eux. Mais ils ne les entendent pas. Ils lisent. Et ils sont bien.

En ce moment, par contre, ils semblent un peu agacés. C'est que 400 petits culs entassés dans une bibliothèque, c'est un peu beaucoup. D'abord, ça sent le petit cul entassé. Et puis, ça chuchote. Ça chuchote fort. Ça fait du bruit. Surtout le grand Asselin, qui n'a toujours pas trouvé de bouquin. Il court dans les allées en touchant chaque livre. Il court de A à Z. Et il écrase quiconque se trouve sur son passage.

L'abbé Lamoureux, le directeur de la bibliothèque, est à la veille d'intervenir. Il a été tolérant pendant un petit quart d'heure, car il est trop content de voir son local si populaire. Comme Youppi devant un stade rempli. Mais là, c'est assez. D'ailleurs, Paquet est allé se plaindre. Comment savourer *À la recherche du temps perdu* quand Asselin perd son temps à *sprinter* dans les rangées ?

M. Lamoureux somme Asselin de quitter les lieux :
« Pourquoi ?
— Parce que vous dérangez vos confrères !
— Je dérange pas, je cherche un livre.
— Ah oui ? Quel livre cherchez-vous ?
— Euh... Le livre euh... Le livre euh... Le livre du télé-phone ! »

Tous les élèves rigolent. Sauf Langlois et Paquet qui font « chut ! ». L'abbé fronce les sourcils :
« Allez téléphoner ailleurs. Je vous expulse ! »

Des cours, on se faisait renvoyer par les professeurs. Mais de la bibliothèque, on se faisait expulser par le père Lamoureux. C'est beau, avoir lu, on parle bien. On parle mieux.

Asselin a envie de sacrer. Il sort de la bibliothèque, le regard hagard. Ce n'est pas tant qu'il est déçu de ne pouvoir nourrir son savoir de tous ces livres, c'est surtout qu'il en est à sa troisième offense cette semaine. Il a été renvoyé du cours de chimie parce qu'il a fait fumer la grenouille qu'il devait disséquer. Et il a été renvoyé du cours d'anglais parce que, lorsque le père Thério lui a demandé un mot anglais qui commençait par F, il a nommé le plus connu. Avec cette expulsion de la bibliothèque, ça va l'obliger à rester en retenue tout le week-end. Asselin est un élève marqué.

Ça chuchote un peu moins fort dans la bibliothèque. Personne ne veut goûter à la médecine du bibliothécaire. Il y en a aussi plusieurs qui se sont endormis. Lire tout de suite après avoir mangé a un effet somnifère. Moi, j'ai les deux yeux bien ouverts. J'aime être ici. Chaque fois que j'y viens, je me dis que je devrais venir plus souvent. Dans ce palais magique qui change les jours gris en jours grands.

Je lis l'*Odyssée* d'Homère et je me prends pour Ulysse. Et j'entends le chant des sirènes. À moins que... Ce n'est pas le chant des sirènes, c'est l'alarme. Le détecteur de fumée de la bibliothèque crie au secours ! Hébert a essayé de fumer caché derrière un gros atlas. Mais même en le fermant rapidement, la fumée s'est envolée du livre. Ça devait être la carte d'un volcan.

Tout le monde doit sortir du local. Langlois et Paquet sont les derniers à sortir. Ils ont hâte qu'il fasse soleil. Ils ont hâte d'avoir la paix.

Le lendemain, il pleuvait encore. Mais le père Lamoureux ne voulait pas que son royaume redevienne le repaire de sans-abri illettrés. Alors il a fermé la bibliothèque. Et la direction du Collège a obligé tous les élèves

Mon frère docteur

L e dimanche 5 juin 1966. Il fait beau. Il fait chaud. Normalement, je devrais être dehors en train de jouer au baseball dans la ruelle avec mon frère Bertrand. Mais mon frère Bertrand est occupé. C'est sa fête. Et il a reçu en cadeau un crâne. Pas un vrai crâne. Un crâne à monter. Un crâne à coller.

Vous connaissez les modèles réduits d'avions à coller ? C'est le même principe, sauf que c'est un crâne. Et le crâne n'est pas réduit. Il est gros comme le mien. Il faut tout assembler : le cortex, le cerveau, les yeux, les oreilles, la langue, les dents. Tout. Mon frère *trippe*. Et moi je l'aide. Il est le chirurgien. Je suis l'assistant. Sauf que d'habitude un chirurgien enlève des morceaux ; Bertrand, lui, en pose.

Ça fait déjà deux heures qu'on est sur le cas. Je m'essaie : « Bertrand, pourquoi on va pas jouer au baseball ? On pourrait continuer après... » Bertrand ne m'écoute pas : « Donne-moi le cervelet ». Cervelet ? Cervelet ? Facile à dire ! Je n'ai jamais vu de cervelet. Je prends une chance. « Non, ça c'est les amygdales ! » « Je m'excuse ! »

Mais je dois pas être le seul à faire cette erreur. Il y a des gens qui croient s'être fait enlever les amygdales, mais ils n'ont plus de cervelet ! Trêve de sarcasme. Mon frère est concentré. Il n'a même pas remarqué que son assistant porte à la main droite son gant de baseball. Ce qui est strictement défendu dans un bloc opératoire. Je suis mieux de l'enlever. Je pense bien que notre partie de baseball sera remise. Pas à cause de la pluie. À cause du crâne.

Je n'ai jamais vu mon frère dans cet état. Aussi sérieux. Aussi heureux. Si, une fois ! L'année dernière, quand il a reçu un squelette pour son anniversaire. Un squelette à coller. Il fallait poser tous les os, tous les organes. Mon frère s'est enfermé dans sa chambre avec son squelette durant une semaine. C'est à peine s'il s'arrêtait pour manger. Quand il est sorti de sa chambre, il était aussi gros que son squelette.

Je ne sais pas si le crâne va lui prendre autant de temps. C'est fou tout ce qu'il y a dans une tête. Une chose est sûre, mon frère ne fera rien d'autre tant que sa tête ne sera pas toute montée. Parce que mon frère a une passion dans la vie. Un rêve. Devenir médecin. Et il vit tellement intensément son rêve que, pour moi, il est déjà docteur. Quand je me blesse les genoux en tombant, c'est lui qui me fait mon pansement. Quand ma sœur se tourne une cheville en dansant le ballet, c'est lui qui pose son diagnostic.

Bert est notre doc. Je suis fier de lui. C'est mon idole. Encore plus que Jean Béliveau. Il va être le prochain Dr Welby. Pour l'instant, il s'exerce, en mettant les yeux dans les trous...

Ça lui a pris seulement trois jours. Son crâne est sur son bureau. À côté du squelette. Il y sera longtemps. Des années et des années. Il sera encore là sept ans plus tard quand, assis à son bureau, mon frère ouvre l'enveloppe de la faculté de médecine pour savoir s'il est accepté. Il déplie la feuille. Lit. Il est refusé. Refusé. Bertrand n'entrera pas en médecine. Il est effondré.

Moi, je ne le crois pas. Mon frère, c'est le meilleur, on ne peut pas refuser le meilleur. Je le vois pleurer. Et je me retiens. J'ai 12 ans et j'essaie d'être un homme. J'aurais le goût de le prendre dans mes bras. De lui dire qu'il sera toujours mon médecin. Mais il a juste le goût d'être tout seul. Ma mère lui dit que ce n'est pas grave. Qu'il réessayera l'année prochaine. Mon père ne lui dit rien. Il lui donne une tape dans le dos. Il est encore plus anéanti que lui. Et ma sœur pleure de voir son grand frère pleurer.

Mon frère a suivi les conseils de ma mère. Après sa première année de biologie, il a essayé à nouveau. Après sa deuxième, aussi. Et finalement après sa troisième, il a été accepté. Il a fait ses six ans de médecine. Et il est devenu ce qu'il a toujours été : un docteur. Le meilleur des docteurs.

Je ne le vois plus souvent. Il pratique au Nouveau-Brunswick. On ne se parle pas beaucoup non plus. Deux gars au téléphone, c'est pas fort. Je parle plus avec ses filles.

Mais je suis toujours aussi fier de lui. Parce que c'est un bon médecin. Et surtout parce que c'est un merveilleux père.

Joyeux anniversaire, le frère !

J'attends toujours pour aller jouer au baseball...

ঔৎঔ

Une chatte sur un torse brûlant

Samedi matin, il est tôt. Trop tôt pour un samedi. Mais il faut que je me lève. J'ai ma chronique à écrire. J'ouvre les yeux. Binette apparaît. Binette, c'était le chaton d'Edmundston. C'est maintenant la chatte d'Outremont. Elle n'est déjà plus un chaton. Elle a 4 mois. C'est une préado. Elle mange, elle dort et elle sort. Elle est à trois centimètres de mon visage. Elle me regarde. Les quatre pattes sur mon torse. Elle ne fait rien. Elle reste là. Elle ne bouge pas. Elle veut que je la caresse. Et bien sûr, je la caresse.

Les chats passent leur vie à se faire caresser. Par leurs maîtres ou des étrangers, peu importe. Du moment qu'une main les flatte dans le sens du poil, ils sont contents. On *tapoche* un chien quelques secondes, mais un chat se fait caresser durant des heures. C'est le seul animal aussi gâté. Imaginez si l'être humain avait cette propriété. On arriverait quelque part et on se ferait caresser par le chauffeur d'autobus ou la serveuse du restaurant. Que ce monde serait plaisant ! Mais il n'y a que les chats qui ont droit à ça.

Ça fait 10 minutes que je caresse Binette. Elle ronronne comme un moteur de tondeuse. Quel merveilleux son ! Le son de la satisfaction. Binette ne ronronne jamais pour rien. Elle ronronne parce qu'elle est bien, comme au doux temps où elle tétait sa maman. Elle est étendue sur moi de tout son long. Elle est le Sphinx, je suis le désert. Et ma main, le soleil qui la caresse de ses rayons. Mais il faut que je me lève. Ma chronique, des répétitions, des chansons. Une journée d'homme. Une journée de chien. Pas de chat. Binette n'a rien à son agenda. Rien d'autre que de se laisser flatter. Et dire que l'on se croit plus fin qu'elle. Binette *knows best* !

Le problème, c'est que je ne me lève pas. Je reste sur le dos. Je suis bien, moi aussi. Je ronronne presque. Sa petite boule de poil me réchauffe le torse. Une couverture avec un battement de cœur. Une couverture qui vous aime. Que demander de mieux ? Je la caresse sous le menton. Elle adore. Elle s'étire pour que j'aille encore plus en dessous. Les petits yeux mi-clos, elle ne ronronne plus comme une tondeuse, elle ronronne comme une Ferrari. C'est mon amie.

Mais mon devoir m'appelle. J'essaie de la tasser un peu. Elle ne s'aide pas. Elle reste là comme un manteau de fourrure inerte. Elle cesse de ronronner. Elle me regarde, l'œil contrarié. Elle ne veut pas bouger. Moi non plus, au fond. C'est samedi matin. Une brise fraîche embaume la chambre. Il fait beau. Les arbres sont encore verts. Il y a encore deux, trois oiseaux qui n'ont pas déménagé dans le Sud. Heureusement pour eux, leurs copains doivent se faire venter. Je me remets à flatter Binette. Elle se remet à ronronner. Tout est OK. La farniente des chats est une MTS. Une maladie transmissible le samedi.

Il est 10 h. Il n'est plus tôt. Il commence même à être tard. C'est assez ! Je dois faire un homme de moi et cesser d'être un matou. Je prends Binette et je la dépose à côté comme un petit paquet tigré. Elle s'étire. Se dresse sur la pointe des pattes. Me donne un coup de queue au visage en m'offrant une vue peu réjouissante sur son anatomie, puis elle va se coucher à mes pieds. Elle a compris. Le maître doit travailler si elle veut manger. Je m'apprête à soulever les couvertures. Bibette se tourne vers moi. J'ai bien dit Bibette, pas Binette. Bibette, souvenez-vous, c'est mon amour, mon grand amour, c'est Marie-Pier.

Elle m'enlace de ses jolis bras. Ses beaux yeux fermés, les lèvres esquissant un léger sourire. C'est la plus belle fille du monde, ça, c'est sûr. Elle reste là, sa tête sur mon épaule. Elle ne bouge pas. Elle est bien. Elle ne ronronne pas. Elle soupire. Je suis fait. Je ne peux pas me lever tout de suite, me priver de ce doux instant, collé, collé.

Binette, constatant mon immobilité, décide de revenir. La revoilà qui s'installe sur ma poitrine. La famille est réunie. Le temps s'arrête. Le bonheur entre. Excusez-moi, chers amis, il n'y aura pas de chronique cette semaine, on est trop bien. Au lieu de lire votre journal, restez donc au lit, vous aussi. Après tout, le dimanche, c'est comme le samedi.

Et Dieu créa le *Swimsuit Issue*

Alerte à tous les parents ! Vos petits garçons courent en ce moment un grave danger. Je le sais. Je l'ai vécu. Et je n'ai plus jamais été le même.

J'avais neuf ans. J'étais un vrai p'tit gars. Ma passion : le sport. Mes idoles : Jean Béliveau et Rusty Staub. Mon fantasme : devenir journaliste sportif. Quand les Canadiens gagnaient, j'étais heureux. Quand ils perdaient, je pleurais.

Heureusement pour mon équilibre émotif, les Canadiens gagnaient souvent à l'époque.

J'avais réussi à convaincre mes parents de m'abonner à la revue *Sports Illustrated* pour m'aider à apprendre l'anglais. *But the real reason was for the photos.*

Chaque semaine, je sautais sur la nouvelle livraison et je découpais les magnifiques photos du magazine. Je les collais dans mes *scrapbooks* où j'écrivais MA version des événements sportifs. Le soir pour m'endormir, je lisais mes *scrapbooks*. Une vie simple. Le doux bonheur d'un petit garçon innocent.

Et puis un matin de février 1970, le facteur a livré le *Sports Illustrated Swimsuit Issue*. Et tout se compliqua. Sur la couverture, il y avait une fille superbe en costume de bain. Une apparition. Cheryl Tiegs. Beauté fatale. Que faisait-elle à la place de Gordie Howe ou de Willie Mays ? Était-elle une nageuse est-allemande ? Sûrement pas. Les muscles n'étaient pas à la même place. Je ne comprenais pas...

Puis j'ai ouvert le magazine.

Au lieu de voir des photos de Bobby Baun écrasant Rod Gilbert dans la bande ou de Muhammed Ali défonçant le crâne de Jœ Frazier, j'ai vu des photos de nymphes déambulant sur la plage. Des belles grandes filles avec des p'tits p'tits costumes de bain. Avec des courbes à faire déraper Jacques Villeneuve.

Des pétards à mèches blondes. Je ne comprenais toujours pas ce qu'elles faisaient dans ma revue de sport. Mais j'étais bien content de les voir ! Mes yeux sont devenus plus grands que ceux de Jean-Luc Mongrain.

La foudre venait de me frapper. Je réalisais, plusieurs années avant Stéphane Richer, qu'il n'y avait pas juste le hockey dans la vie !

J'ai refermé le magazine. Gêné et *tilté*. Quand on est préparé mentalement à voir une photo de Jim Roberts en *combines* et qu'on en voit une de Christie Brinkley en bikini, ça fait comme un court-circuit dans le cerveau.

J'ai essayé de faire comme s'il ne s'était rien produit. Je suis parti regarder *Jinny*. Mais je ne la voyais plus comme avant.

Pour vous expliquer ce qui s'est passé en moi ce jour-là, disons qu'avant le *Sports Illustrated Swimsuit Issue*, je rêvais de devenir Réjean Tremblay. Et qu'après le *Sports Illustrated Swimsuit Issue*, je rêvais à Fabienne Larouche !

Cette révélation radicale de la troublante beauté féminine, au moment où on s'y attend le moins, peut laisser des séquelles indélébiles chez le pubère non préparé.

Le lendemain à l'école, j'ai passé ma revue à Denis Ouellette. Il ne s'en est jamais remis. Il a la bouche ouverte depuis 26 ans. Il passe ses journées à regarder *Alerte à Malibu*, *Bleu nuit*, et le vidéo d'Ophélie Winter. La bouche ouverte. Il s'est acheté des billets de saison pour aller voir les Perles de Tahiti au Casino. Il dîne chez Paree et soupe à L'Axe. Toujours la bouche ouverte. Il est un homme-guenille qui rêve d'épousseter la femme-objet. Mais la plupart du temps, il ne parvient à épousseter que son coffre à outils.

Voilà pourquoi, dans le but de sauver notre belle jeunesse, j'aimerais mettre en garde tous les petits Stéphane et les petits Denis d'aujourd'hui.

Le *Sports Illustrated Swimsuit Issue '97* est arrivé en kiosque. Avant de vous évanouir en regardant Tyra Banks tirer sur sa culotte de maillot, lisez-moi bien. Pendant que vous êtes encore capable de lire.

Les femmes sont belles. C'est vrai. Vous allez vous en rendre compte. Ça va donner un coup. Et ça ne fait que commencer. Parce qu'elles sont 100 fois plus belles dans la vraie vie que sur les photos de *Sports Illustrated*. Et si ça vous trouble de voir leurs décolletés, vous serez 100 fois plus troublés quand vous verrez leurs cœurs.

C'est ce qu'il y a de plus beau au monde. Tellement beau qu'aucun appareil photo n'est capable de le figer. Vous passerez votre vie à vouloir vous y faire une place. Et vous y serez heureux. Mais pour y parvenir, il vous faut apprendre à regarder le cœur des filles. En vous servant du vôtre.

Le *Sports Illustrated Swimsuit Issue,* ce n'est qu'un beau papier d'emballage. Le cadeau, il est ailleurs. Vous êtes à l'âge où on déballe. Mais ne passez pas votre vie à jouer avec le papier. Sinon, comme bien des gars, vous passerez à côté de l'essentiel. De la vraie beauté.

Bref, avant que ce numéro très spécial de *Sports Illustrated* ne vous tombe entre les mains, lisez donc *Le Petit Prince.* C'est ce qui m'a sauvé. En partie.

Je suis en train de finir ma chronique. Le *Swimsuit Issue '97* traîne sur mon bureau. Je l'ai acheté pour le travail, bien sûr. Conscience professionnelle oblige. Ma blonde vient me donner un petit bec. Elle aperçoit la revue. « Oh ! Il est joli son costume de bain à pois. »

C'est vrai qu'il est joli.

J'ai honte. J'avais tout remarqué sauf le costume de bain. J'suis bien placé pour faire la morale ! J'pense que je devrais relire *Le Petit Prince*...

L'homme est un enfant de 9 ans. Heureusement, la femme veille sur lui.

Bob Gainey et Youppi

Sûrement le duo le plus disparate depuis Michèle Richard et Serge Laprade : Bob Gainey et Youppi. Les avez-vous vus lors de la conférence annonçant l'arrivée de l'ancienne mascotte des Expos chez le Canadien ? Youppi a étreint très fort et longtemps dans ses bras le directeur général du Tricolore. Au début on ne savait pas si Gainey allait le projeter au sol comme il l'aurait fait avec Terry O'Reilly, la brute des Bruins. Puis après de longues secondes, l'ancien numéro 23 a finalement esquissé quelque chose qui ressemblait à un sourire. Son premier sourire en trois ans. Jamais une organisation n'a réuni deux personnalités aussi diamétralement opposées.

Youppi, toujours heureux. Et Gainey, jamais content. Quand les Expos parvenaient à frapper un coup sûr, Youppi s'emballait comme s'ils venaient de gagner la Série mondiale. Il sautait, pirouettait, faisait tous les temps. Quand le Canadien des belles années remportait la Coupe Stanley, Gainey, avec son air de chien battu, levait la coupe Stanley dans les airs sans exprimer sa joie, comme s'il levait une roche. Taciturne. Son bonheur était caché loin, loin au fond de ses yeux.

Comment le président du Canadien, Pierre Boivin, a-t-il bien pu convaincre le très sérieux Bob Gainey que le rigolo Youppi devait se joindre à son équipe ? Ce secret vous sera révélé grâce à ma caméra cachée dans le bureau du DG. Voici donc le fin mot de l'histoire...

Toc ! Toc !
GAINEY : Yep...
PIERRE BOIVIN : Allô Bob, c'est Pierre, je suis venu te parler de quelque chose...
GAINEY : Yep...
BOIVIN : Tu sais, Bob, avec le lock-out, il faut faire quelque chose pour nous rapprocher des amateurs.
GAINEY : ...
BOIVIN : Nos gens de marketing t'ont déjà proposé le retour de Guy Lafleur, l'embauche de Stéphane Richer ou que Véronique Cloutier devienne notre gardien de but n° deux...
GAINEY : Grrrrr...
BOIVIN : Choque-toi pas, Bob ! Dérougis ! Dérougis ! Je ne suis pas venu te parler de ça, c'est toi le *boss* du hockey, pis c'est ton droit de refuser tout ça. Mais là, ils ont vraiment eu une bonne idée. Serais-tu d'accord pour que Youppi s'ajoute à notre équipe ?
GAINEY : Youppi ? *A Finnish player ?*
BOIVIN : Non, ce n'est pas un joueur finlandais, c'est l'ancienne mascotte des Expos. Tu sais, le gros toutou orange qui amusait la foule ? Ben... la foule, c'est vite dit aux matchs des Expos – disons la rangée...
GAINEY : Amusait ? ? ?

BOIVIN : Je sais que tu ne sais pas ce que ça veut dire ce mot-là, mais la plupart des gens aiment s'amuser. Alors, tu es d'accord ?

GAINEY : *No...*

BOIVIN : *No...* Comment ça, *no* ?

GAINEY : *Because no...*

BOIVIN : *Come on* Bob ! Il ira pas sur la glace, pis il est trois fois plus gros que Ribeiro, on sait jamais, ça peut pas nuire. Y pourra pas vous nuire. Y va juste dans les gradins, pas sur la glace. Pourquoi tu dirais non ?

GAINEY : Non.

BOIVIN : Tu sais que je t'écoute toujours mais, là, faut que t'arrêtes de dire non. Regarde, je vais te présenter Youppi, je vais te laisser tout seul avec lui, pis je suis certain que tu seras pas capable de lui résister. Personne ne résiste au charme de Youppi.

Pierre Boivin sort du bureau de Gainey et invite Youppi à y entrer. Youppi marche vers le grand manitou. Intimidé, la tête penchée, il lui donne la patte. Gainey la serre. Il s'assoit.

GAINEY : ...

YOUPPI : ...

GAINEY : ...

YOUPPI : ...

GAINEY : ...

YOUPPI : ...

Après 30 minutes, Pierre Boivin revient dans le bureau de son directeur général.

BOIVIN : Pis, Bob, vous êtes-vous entendus ?

GAINEY : *Yes* !

BOIVIN : Youppi ! On peut l'engager ? Vraiment ?

GAINEY : J'aime ce gars-là, il est comme moi : il ne parle pas !

Sur ces mots, Youppi s'est lancé dans les bras de son nouvel ami. Malheureusement, ce dernier, peu habitué aux démonstrations affectives, ne l'a pas reçu à temps et la grosse chose orange est tombée sur son gros derrière. Voilà comment débutèrent les aventures de Bob Gainey et de Youppi. Après Walter Matthau et Jack Lemmon, Gérard Depardieu et Pierre Richard, Ding et Dong, place au nouveau duo comique des années 2000.

La fournaise

Les *Beaux Dimanches* viennent de se terminer. L'équipe de la *Calypso* est rentrée à bon port. C'est l'heure d'aller me coucher. J'ai de l'école demain. Mais je ne veux pas bouger. Je suis bien allongé sur le divan bleu du salon. Mon père a fait un feu de foyer. Le bois crépite. Dehors, une petite neige tombe. Dedans, on est au chaud. On se croirait dans une carte de Noël. Je resterais là jusqu'au petit matin. Ma mère intervient : « Stéphane, va te coucher... » Je ne bouge pas. Je fais semblant de dormir. Ma mère s'approche et dit doucement : « Faut aller faire dodo, mon beau... » Je fais ma petite face d'ange. Elle se retourne vers papa :

« Bertrand, va donc porter Stéphane dans sa chambre...
— Han... quoi ??? »

Mon père, lui, dort pour vrai. Il se réveille difficilement. Il était loin. Il a ronflé durant tout le documentaire de Cousteau. Tellement que je ne savais plus si c'était le son des baleines ou celui de mon paternel. Les cheveux droits sur la tête, les deux yeux dans le même trou, papa se lève et me prend dans ses bras. Je reste mou. Mais je m'accroche à son cou.

On entreprend la traversée de la maison. Notre salon est tout de suite en entrant, sur la droite. Ma chambre est complètement dans le fond. Elle donne sur la galerie d'en arrière. On arpente le corridor. Je commence à sentir une petite fraîcheur. Parce que, voyez-vous, mon père a dû brûler trois cordes de bois durant la soirée, c'est pourquoi le salon était si douillet. Si tropical. Mais plus on avance vers l'arrière de la demeure, plus on remonte vers le nord. La salle à manger, c'est la Nouvelle-Angleterre. La cuisine, c'est le Québec. Ma chambre, le Yukon. On y gèle.

Mon père me dépose sur mon lit. Je me glisse sous les couvertures à toute vitesse. J'ai le frisson. Ma mère vient me border :

« Bonne nuit, Stéphane...

— Maman, j'ai froid...

— Je vais te rajouter une couverture...

— Pourquoi tu ne montes pas le chauffage ?

— C'est bon, dormir au frais. »

Elle m'embrasse et retourne vers les tropiques. Je reste en petite boule sans bouger. Pour conserver la chaleur. Ma mère est la meilleure mère au monde. Le plus grand cœur de l'Univers. Elle n'a qu'un seul défaut : elle ne veut pas toucher au thermostat de la fournaise. Voilà pourquoi, tous les hivers de mon enfance, je récite ma prière avant de dormir en grelottant.

J'ai plaidé ma cause plusieurs fois. Signalé à ma mère que la grippe de Hong Kong allait se jeter sur moi. Que je deviendrais le nuisible propagateur d'une pandémie. Que mes notes à l'école risquaient de baisser si une nuit mon cerveau gelait. Rien n'y fait. Ma mère refuse de monter la température de notre demeure. Le thermostat est barré à 65 degrés Fahrenheit. Soixante-cinq, c'est pas si pire quand ta chambre est au-dessus de la fournaise, comme celle de mes parents. Mais 65, rendu au fond de la maison, ça devient -65.

Durant les vagues de froid de janvier, quand ma chambre devient bleue, ma mère accepte de faire quelque chose. Elle demande à mon père de vider les calorifères. C'est une expérience fascinante. Mon père se promène avec un petit bol en plastique et ouvre les robinets de tous les calorifères de la maison. L'eau coule comme dans le bain. J'ai fantasmé que si nos calorifères étaient faits en érable, c'est du sirop qui coulerait. Mais ce n'est que de la vieille eau. Ce procédé est censé régler les écarts de température régnant dans notre nid familial. J'y ai cru la première fois. Maintenant je sais que pour que la chaleur circule mieux, il faut d'abord qu'elle apparaisse. Et une fournaise à 65 ne fournit pas.

Ce soir, je n'en peux plus. Trop c'est trop. Dans un rare moment de délinquance, je me lève, et pendant que les parents regardent *Ciné-club*, j'ose toucher au thermostat! Quatre-vingts! On va être ben. Et je cours me recoucher. Notre vieille fournaise se met à cogner de tous ses tuyaux. Elle entre en transe. Dans un vacarme d'enfer. On dirait la fusée *Saturne 5* qui décolle. J'ai peur! Ma mère se dresse dans son fauteuil : « Que se passe-t-il ? » Elle fonce vers le thermostat. Et constate mon geste terroriste. Elle crie : « Quatre-vingts! La maison va sauter! » Elle baisse le tout à 50 pour compenser. Et se dirige dans ma chambre. En colère : « Stéphane, est-ce que c'est toi qui a touché au thermostat ? » Je fais semblant de dormir. Elle tire les couvertures. Je les ramène vers moi. Oups! Je ne peux plus faire semblant. Ma mère me regarde dans les yeux : « Ne touche jamais au thermostat ! T'entends ? La maison va exploser ! »

Soudain, j'ai chaud comme j'ai jamais eu chaud dans ma chambre. Y'a rien comme la culpabilité pour vous réchauffer.

Je n'ai plus jamais touché au thermostat de ma vie. Même qu'il m'a toujours fait peur. Quand je passais devant lui, dans le corridor, j'accélérais le pas. Je le voyais maintenant comme maman le voyait. Je le voyais comme le détonateur d'une bombe. Ma mère m'avait converti. Y'a rien de mieux pour la santé qu'une fournaise qui ne chauffe pas.

Bon hiver à tous !

Le dimanche 13 novembre 2005

Chat au chaud aime l'eau froide

On a un problème avec notre chatte. Elle est trop fine. Elle aime tout le monde. Dès que quelqu'un entre dans la maison, elle l'accueille, lui tourne autour, lui sourit, saute dessus et se frotte sur lui ou elle. Que ce soit André-Philippe Gagnon ou un témoin de Jéhovah. Elle enlace même ceux qui n'aiment pas les chats. Et ils ont beau la tasser, la pousser, la lancer, elle revient sur eux en leur faisant les yeux doux. Binette est *peace and love*. Binette n'a peur de personne. Binette est radieuse. Binette est heureuse.

Dans la maison, c'est le bonheur. Elle nous suit partout. Joue avec nous, rit avec nous, regarde la télé avec nous, dort avec nous. Entrez chez nous et tout ce que vous entendrez, plus fort que la musique des Beatles, c'est son doux ronron. *Cool*. Mais Binette n'est pas seulement en amour avec la maisonnée. Elle est en amour avec le monde entier.

Elle adore aller dehors. Fétiche, la chatte de mon enfance, aimait aussi se promener dans la cour. Elle sortait à toute vitesse et prenait possession de son territoire en rampant comme un soldat. Elle se cachait dans les bosquets, reniflait le sol et les feuilles et passait ses journées sur la piste d'un écureuil, d'une souris ou d'un pigeon. Elle était à la chasse. Toujours alerte, prête à sauter sur quiconque menaçait sa survie. Un félin dans la jungle.

Pas Binette.

Binette sort dehors dans le même état de béatitude que lorsqu'elle se prélasse devant le feu de foyer. Elle fait sa promenade lentement. Parade. Écoute chanter les oiseaux. Elle trouve ça beau. Elle trouve des noix pour les écureuils. S'amuse avec les brindilles. Les enfants viennent la flatter. Elle ne se sauve pas. Elle se laisse faire. Ronronne comme si c'était ses meilleurs amis. Une auto se gare, elle va voir qui c'est. Une passante déambule, elle la suit comme si elle était son chien depuis toujours.

Ça fait trois fois que ça sonne à la porte. Marie-Pier répond, c'est quelqu'un avec Binette dans les bras : « Ça fait 20 minutes que votre chatte me suit. J'étais rendu rue Laurier, j'avais peur qu'elle se perde, alors je suis revenu vous la porter. » Merci. Heureusement qu'elle a au cou une médaille avec son nom, son numéro de téléphone et son adresse, sinon elle serait peut-être en train de faire du lèche-vitrines à Laval ou à New York, notre hippie de chatte.

Binette n'a aucun mécanisme de défense. Pourquoi en aurait-elle ? On l'a achetée lorsqu'elle était un tout petit chaton dormant dans une animalerie d'Edmundston. On l'a emmenée à la maison. Depuis ce temps, on lui donne à manger et à boire, on la couve, on la gâte et on l'aime. Aucun danger. Aucun traumatisme. Alors elle croit que l'humanité entière est comme nous. C'est pour ça qu'elle se couche en plein milieu du trottoir. Elle n'a pas peur qu'on lui marche dessus, personne ne lui a jamais marché dessus. Tout le monde peut la flatter. Tout le monde peut la prendre. Elle a une confiance totale en la vie. C'est infiniment stressant !

Est-ce qu'il y a une Janette Bertrand des minous parmi mes lecteurs et lectrices ? Parce que je ne sais plus quoi faire ! J'ai peur chaque fois qu'elle va dehors. Parce que la vie n'est pas un conte de fées comme le croit Binette. Une bonne fois, elle suivra quelqu'un qui ne reviendra pas nous la rendre. Une bonne fois, un gamin va lui couper la queue et les moustaches. Un chien va n'en faire qu'une bouchée. Le monde n'est pas fait que de saints. Binette n'a aucun réflexe agressif. Elle est innocente et sans défense. On lui a laissé ses griffes, mais elle ne s'en sert pas. Ou seulement pour gratter ses amis chiens dans le dos. Comment lui apprendre à se méfier ? En lui faisant peur ? Jamais. On n'a pas le cœur à la dresser. L'empêcher d'aller dehors ? Ce serait trop cruel. Elle aime trop le soleil, les fleurs et l'air frais. Pour la conscientiser aux dangers de la société, je pourrais essayer de lui apprendre à lire les journaux, mais elle préfère faire autre chose dessus.

Combien de temps peut-on survivre sur cette planète, quand on est complètement heureux et sans malice ? Aucune idée. Billy Jœl chantait *Only The Good Die Young*. C'est pas rassurant. Quand une chatte est la réincarnation de Gandhi, on craint qu'un jour elle se retrouve dans les pattes d'un maniaque. J'espère que je m'en fais pour rien. Que Binette aura l'aura contagieuse. Et que partout où elle ira, il y aura un grand cœur pour s'en soucier et la ramener chez elle. Chez nous.

Alors peut-être que Binette m'aura donné une leçon. Que j'ai tort de toujours craindre le pire. Que l'on peut déambuler, comme elle, l'âme nue, sans carapace. Que ce monde est bon pour ceux qui le sont.

❧

La campagne

L a campagne, pas celle avec des ego gros comme des pancartes, des slogans vides de sens et des promesses à jeter, pas celle qui insulte et se pète les bretelles. Pas celle qui fait du bruit. Pas celle qui ne change rien. Non, l'autre. La vraie. Celle qui fait du bien. Celle que Marie-Pier et moi avons louée à Orford pour le mois de décembre.

Vendredi soir, on y arrive. La maison est belle et en bois rond. Les Français diraient une cabane au Canada, mais nous, on dit un gros chalet dans les Cantons-de-l'Est. Marie-Pier ramasse la clé, cachée on ne vous dira pas où. Nous entrons. Une immense pièce avec une table, un escalier en colimaçon, un poêle à bois et des bûches à côté. C'est ça. En plein ça. Comme dans les films. Comme dans les rêves.

Tout y est paisible. Les fauteuils et les armoires, le feu dans la cheminée, le paysage enneigé qui décore les fenêtres. Le bois du plancher, le bois du plafond, le bois des murs... On est dans le bois et on est bien. On fait partie de la forêt.

Il y a l'air frais des grands espaces. Il y a la chaleur des lieux. Il y a la beauté qui nous entoure. Mais il y a surtout, surtout, le silence. Le silence de la campagne. Un silence profond. Un silence épais. Qui prend toute la place. Un silence qui n'existe pas dans les villes. Un silence naturel. Un silence vrai. Qui ne cache rien. Qui dévoile tout.

En ville, le silence est embarré. Il faut se fermer, se renfermer, se cloisonner, s'isoler pour le retrouver. Il faut ériger des murs, monter des cloisons. Il faut lui faire une prison. En campagne, c'est le contraire. Le silence est libre. Il suffit de sortir, il suffit de s'ouvrir, de marcher, de courir à sa rencontre, il est partout. Il est aussi près de nous qu'il est au loin. Il est tellement grand que nul ne peut l'enterrer. Il est dehors et dedans. Il dort à la belle étoile et dans les maisons.

J'ai beau le déranger, faire jouer du Simon and Garfunkel dans les haut-parleurs, regarder les infos à la télé, chanter des mots d'amour à Marie-Pier, le silence est encore dans le chalet. Dans chacune des pièces. Il ne s'en va pas. Il reste là, en trame de fond. L'air de dire : « Vous êtes chez moi. » Il est plus fort que ma voix, que la musique, que les ondes. Il nous enveloppe. Il nous repose, nous apaise.

C'est à cause de lui que, dès que j'entre dans une maison de campagne, on dirait que j'y suis depuis toujours. Que je suis fait pour y vivre. Comme un poisson qui quitterait son bocal en haut d'une étagère pour retourner dans la rivière. Tout change de rythme. La vie n'est plus un rap. La vie est une ballade douce et émouvante. Tout notre stress de citadins se délie comme par enchantement. Les rues ne nous crient plus dessus. Les forêts nous murmurent des gentillesses.

La plus belle richesse de la nature, c'est son silence. Bien sûr, il est rempli des sons des oiseaux, des criquets, du vent, des ruisseaux et de la faune. Mais tous ces sons ne brisent pas le silence, ils l'accompagnent, ils le soutiennent, ils le soulignent. On peut vivre en ville entouré d'arbre, d'oiseaux et de verdure. Mais il y manquera toujours le silence de la campagne. La paix des endroits où il y a peu d'hommes. Où rien n'a été dérangé. Ou si peu.

La soirée sera toute simple. On jouera au *Scrabble*. On écrira nos cartes de Noël. Et on ira se coller. Il n'y aura que les bruits de notre chatte Binette qui marche à pas de souris. Un séjour au pays du silence. Ça baisse le volume de nos peurs.

On fait des sommets sur la pollution de l'air, la pollution de l'eau. On fait plein de discours, des manifestations, beaucoup de bruit. Mais de la pollution du son, on ne parle pas beaucoup. Pourtant, elle est aussi néfaste. Aussi dangereuse. Elle ne s'attaque pas qu'à notre corps. Elle s'attaque à notre âme. L'environnement sonore influence notre humeur, notre intelligence, nos idées et nos actions. À travers toutes les sonneries de cellulaires, les bruits des moteurs, les alarmes, les sirènes, la *musak* et les marteaux-piqueurs, on ne s'entend plus vivre.

Il faut aller à la campagne un vendredi soir pour réaliser que notre cœur est ailleurs. Que notre cœur bat toujours.

Oh ! En passant, Paul, Stephen, Gilles et Jack, taisez-vous donc un peu. On ne vous entend plus penser.

De l'*Eau sauvage* pour Noël

Ma sœur m'a donné de la lotion après-rasage *Eau sauvage* pour Noël. Ça sent très bon. Mais je ne me rase pas. J'ai 15 ans. Un peu de duvet en dessous du nez, un peu de duvet aux favoris, c'est tout. Certaines tantes que j'embrasse dans les *partys* de Noël ont plus de poils que moi. C'est pas grave. C'est ce matin que je deviens un homme. En ce jour de Noël naîtra ma virilité. Mon père est en train de déjeuner :

« Papa, j'peux-tu me servir de ton rasoir ?

— Pourquoi ?

— Ben, pour me raser...

— Commence pas ça !

— Pourquoi *commence pas ça* ?

— C'est un paquet de troubles ! Commence pas ça ! T'es ben de même ! Attends le plus longtemps possible ! Si tu te rases une fois, tu ne pourras plus revenir en arrière. Ça va pousser raide, va falloir que tu te rases tout le temps.

— C'est parce Dodo m'a donné de la lotion après-rasage, pis j'veux en mettre !

— Ben dis-toi que c'est de la lotion avant-rasage. Mets-en, pis tu te raseras dans deux ans...

— Laisse faire. »

Je hausse les épaules et je me dirige vers la salle de bains. Papa me rappelle son avertissement : « Tu m'entends, commence pas ça ! » *Sorry*, le paternel, mais j'ai ma bouteille d'*Eau sauvage* dans les mains, et je suis bien décidé à faire comme dans les annonces. Me taper de la lotion dans le visage à deux mains sur une peau rasée de près. Et que plein de jolies filles m'entourent après.

Je prends le rasoir de papa. C'est un vieux modèle. Un Schick avec une petite porte sur le dessus, que l'on ouvre pour installer la lame. Je prends une lame. C'est une vraie lame de rasoir. Comme celles dont on se sert pour se tailler les veines dans les films. C'est très coupant. Je la place dans le rasoir. Délicatement. Puis je prends le blaireau de mon père et j'essaie de faire mousser l'espèce de pot à mousse qui pour l'instant a plutôt l'air d'un chandelier. À force de mettre de l'eau et de tourner le blaireau, ça mousse. Je me l'étends dans le visage. J'en ai partout. Même dans le front. J'ai l'air du père Noël.

Et maintenant, l'étape cruciale : le rasage. Je prends le rasoir dans ma main gauche. Je lève le menton. Je me rapproche du miroir. Mon père cogne à la porte :

« Qu'est-ce que tu fais ?

— Rien !

— T'es pas en train de te raser ?

— P'pa, j'peux-tu être tranquille aux toilettes ?

— Commence pas ça ! Tu ne pourras plus revenir en arrière ! »

Chaque fois que mon père dit « Commence pas ça ! », un frisson me traverse le dos. Comme si j'allais faire quelque chose d'irréparable. Comme si avec mon poil allait tomber ma jeunesse. Comme si Peter Pan allait vieillir d'un coup.

Mais je suis bien décidé. C'est assez de me traiter comme un bébé ! Je vais faire partie du club des hommes rasés. Je me coupe la moustache. Puis les joues. Puis le menton. Puis le cou. Ayoye ! Je me suis coupé ! Vraiment. Ça saigne ! Je mets un bout de Kleenex. Je me regarde. Je ne suis plus le même. Je suis rasé. Je suis un homme. Je prends le flacon de lotion. J'en dépose dans mes mains. Et je me *taponne* les joues et le cou. Ayoye ! Ça chauffe, ça brûle ! C'est dur d'être un homme. Mais c'est fait. J'ai étrenné mon cadeau. Je suis entré dans la salle de bains, j'étais un enfant. J'en ressors, je suis comme mon père.

Je me promène dans le corridor. Fier. Il ne manque plus qu'une légion de filles qui se jette sur moi. Ma sœur me croise :

« Oh *boy* ! Tu l'aimes, mon cadeau ! Mais faut pas que tu vides la bouteille au complet. C'est pas un Coke, ça, là. Ton *Eau sauvage* est censée durer au moins six mois...
— Tu ne remarques rien ?
— À part ta senteur, non !
— Approche-toi !
— C'est parce que je veux pas que tu m'inondes.
— Regarde-moi la face... Tu ne vois pas de différence ?
— Non...
— J'ai p'us de poils. Je suis fraîchement rasé...
— C'est parce que t'en avais déjà pas...
— J'en avais un peu...
— Trois.
— Ben sont p'us là !
— Wow !

— Trouves-tu que j'ai plus l'air d'un homme ? »

Elle ne me répond pas. Elle rit, elle rit, elle rit. Je pense qu'elle rit encore.

Mais ça ne prouve rien. C'est normal que ma sœur ne remarque pas ma nouvelle virilité : c'est ma sœur. C'est sur les autres filles que ça devrait faire effet. À moins que ça soit l'*Eau sauvage* ? Si au souper de Noël, ce soir, mes cousines ne me sautent pas dessus, je vais aller échanger ma lotion pour du Hai Karaté ! Ça, c'est sûr que ça marche, l'annonce est juste avant le hockey.

J'entre dans le salon. Mon père est couché devant le feu de foyer. Il ronfle. Je m'installe pour lire mon nouvel Astérix. Soudain, il ouvre un œil : « T'aurais pas dû commencer ça... »

Dix mille rasages plus tard, je pense que mon père avait raison. La vie est beaucoup plus compliquée, rasé.

કર્જ

Un an et demi sans le faire !

E nfin !
Ça ne m'était jamais arrivé, d'aussi loin que je me souvienne. Un an et demi sans avoir hâte. Un an et demi sans y penser. Un an et demi sans le faire. Un an et demi sans ce plaisir. Un an et demi sans cris de joie. Un an et demi sans m'endormir avec le sourire quand ce fut bon. Un an et demi sans m'endormir amer et triste quand le plaisir n'est pas venu. Un an et demi sans me réveiller en y pensant encore. Un an et demi sans en parler avec les amis, sans se vanter de nos performances. Un an et demi sans penser à des stratégies pour que ce soit meilleur. Toujours meilleur. Un an et demi sans extase.

Au début, je ne m'en suis même pas aperçu. C'était l'été, il faisait beau. Il y avait d'autres choses à faire. Plein d'autres choses à faire. Puis l'automne est arrivé, et là, ça a commencé à me fatiguer un peu. J'étais irrité, impatient. Il me manquait quelque chose, mais je ne savais pas quoi. En hiver, j'étais carrément frustré. Je passais mon temps à en parler. À maugréer. À en vouloir au monde entier.

Et plus j'en parlais, moins je le faisais. Et moins je le faisais, plus j'en parlais. Et je sentais que mon entourage était tanné de m'entendre. Alors j'ai tenu ça mort. Consulté quelques spécialistes, quelques experts pour me soulager. Sans succès. J'ai même pensé accepter les faveurs faciles. En avoir du moins bon, du moins vrai, mais en avoir quand même.

Juste quand j'allais flancher, je me suis ressaisi. Je n'allais pas tomber si bas. Ce sera ce qu'il y a de mieux ou rien *pantoute*! Ce fut rien *pantoute*. Parce que ce qu'il y avait de mieux, il n'y en avait plus. En tout cas, pas près de chez moi. Alors j'ai séché. Tellement séché que la sève s'est tarie et que le désir a disparu. Alors un jour, j'ai cru que j'étais guéri. Enfin. Sevré. Je n'y pensais plus. J'avais oublié le *feeling*. J'avais oublié le goût. Je n'en avais plus envie. La nature a horreur du vide : la petite vie l'a remplacé. J'ai joué à *Trivial Pursuit* avec mes amis de *La Presse*, au *Playstation* avec Marc. Je suis allé aux vues avec Stéphanie, souper avec ma copine Marie-Claude. Je m'occupais. Je compensais. Si bien que le manque s'est calmé. Et j'aurais très bien pu passer le reste de mon existence sans cette jouissance. J'étais fermé. Sous clef.

Puis, cet été, ça s'est remis à me tourner autour. On s'est remis à me tenter. À me faire croire que ça pouvait m'arriver encore. La chose s'intéressait à moi, mais je ne voulais plus rien savoir. J'avais d'autres priorités. J'étais ailleurs. Elle insistait. Je refusais. J'avais donné ma parole qu'on ne m'y reprendrait plus. Un homme a son orgueil. Je ne suis pas un pantin. On ne fera pas ce qu'on veut de moi. M'abandonner comme un vieux sac de déchets et revenir me courtiser parce que, soudainement, on a besoin de moi ? Non, non, non ! Je dis non. Et je dirai non. C'est clair.

Mais... mais ça me tente. Terriblement. Quand on y a goûté une fois, on ne peut plus s'en passer. Ça a fait partie de mon quotidien durant des années ! Pas une journée sans l'avoir en tête. Pas une journée sans en parler. Pas une journée sans le faire. Depuis que j'ai l'âge de m'y intéresser, je n'en ai jamais été privé. Qu'est-ce que 18 mois de vaches maigres, à côté de toutes ces années de banquet ? De toutes ces années de bonheur ? Devrais-je passer l'éponge et me remettre à suer pour ça ? M'embarquer à fond de train, comme j'ai toujours fait, sans demi-mesure ? Me remettre à crier fort, comme un déchaîné ? Mais si je succombe, est-ce bien sage ? Si jamais ce n'était pas vrai, si c'était un faux rendez-vous, si on me relaissait tomber dans un an, dans deux ans, ça ferait trop mal. Le cœur ne se remet pas de deux blessures au même endroit. De deux commotions automnales.

Alors que faire ? Continuer à jouer au *Scrabble* et faire comme si ça n'existait pas, n'existait plus ? Trop dur. C'est trop ancré en moi. Le besoin est trop vissé dans ma chair, dans mon code génétique. Je suis né pour ça. C'est décidé, je dis oui. Oui, je recommence ! Oui, je m'y remets, dans l'enthousiasme et l'allégresse à défaut de l'honneur. C'est cette semaine que ça se passe. Cette semaine, que je revis. Enfin ! Et je vous souhaite le même bonheur.

Mais de quoi je parle, à la fin ? Du sexe ? Bien non, franchement. Un an et demi sans sexe, vous voulez ma mort ! De l'amour ? Non plus. De la tendresse ? Vous brûlez ! Mais en un mot, c'est cette semaine que je recommence à aimer le hockey. C'est cette semaine que je recommence à crier pour le Canadien. *Go, Habs, Go !*

∾

Le mariage de mon *chum*

Samedi, 11 h. Éric attend devant l'autel dans son bel habit, le cœur battant. Il attend sa belle. Elle en aura mis du temps. Éric a 44 ans.

Je le regarde et je pense à tous nos samedis soir devant le hockey, dans mon salon, lui et moi. Éric faisait les steaks et les frites. Les meilleures frites de toute la conférence Prince-de-Galles ! Et on regardait la partie, en jasant du Canadien et de la vie. Quand on se retrouvait comme ça, chaque semaine, c'est qu'on était entre deux blondes. Entre deux naufrages. Et on reprenait nos forces avant de repartir en mer.

Il en a eu, des filles, le beau Éric. Un vrai marin. Mais jamais celle qu'il cherchait. Celle qui doit venir comme vient le printemps. Il a eu le cœur brisé. Deux fois. Et ces samedis-là, il me disait que ça ne valait plus la peine de le faire réparer. Qu'il était bon à envoyer à la cour à *scrap*. Et moi, j'essayais de lui remonter le moral en lui disant qu'un jour, il la rencontrerait. Que le malheur n'est qu'une escale avant le bonheur. Que le cœur ne se brise jamais d'un coup. Qu'il s'effrite. En petits morceaux. Et lorsqu'on retourne sur nos pas ramasser chaque petit bout, comme le Petit Poucet, on retrouve le chemin perdu. Et c'est au bout de cette route qui nous ramène à nous que l'amour nous attend. Je lui parlais d'espoir en essayant de me convaincre aussi. Ça nous remontait un peu. Mais notre ami Stéphane a fait mieux. Il lui a présenté Marie-Josée. C'est elle qu'Éric attend en ce moment. Elle est un petit peu en retard. Mais elle viendra, c'est sûr.

Éric a les yeux mouillés. Il a envie de pleurer. La babine d'en bas tremblote. Je ne l'ai pas vu souvent comme ça. Même dans nos soirées de cœurs solitaires, il avait plus tendance à serrer le poing et à cogner le destin qu'à s'épancher sur sa malchance. Faut l'avoir vu jouer au hockey. Un rouleau compresseur. Un Clark Gillies. Un Terry O'Reilly. Rien de rose en lui. Je me demande à quoi il pense pour être si ému. À celle qu'il attend, sûrement. Sa Marie-Josée. Celle de qui il est sûr d'être aimé vraiment.

Celle avec qui ce vieux *play-boy* endurci veut enfin un enfant. J'ai l'impression qu'il doit aussi penser à son papa. Son papa qui est parti, ça doit faire environ un an. Et qui regarde la cérémonie du haut de son nuage. Je ne serais pas surpris que la mort du père ait fait du fils un homme. Un homme qui a compris qu'il ne lui restait plus beaucoup de temps pour vivre l'important : l'amour et sa suite. L'amour et l'enfant. Je devine tout ça parce que vous savez ce que c'est, deux gars, ça parle plus de Steve Bégin que de psychanalyse.

Je tourne la tête vers mon vieux Steph, à l'autre bout du banc. Lui, il a connu tout ça, l'amour et l'enfant. Aujourd'hui, l'amour a disparu. Mais il reste l'enfant. Sa petite Marie. Sa petite lumière. Il est venu seul à la noce.

Il n'a pas de temps pour faire la cour. Le travail et la petite, c'est assez. Il a l'air bien. Il est allé sur la Lune. Il en est revenu. Sans oublier de mettre dans ses poches un croissant : le sourire de Marie. Il ne lui en faut pas plus. Il a le plus important.

Le prêtre taquine Éric : « Vous savez, c'est normal qu'elle se fasse attendre... » La famille et les amis rient. Éric rit aussi. C'est ben correct. Il a déjà attendu plus longtemps que ça. Il aime rire, Éric. Quand on se voit, c'est surtout ça qu'on fait. Même les soirées où on était en peine. Un commentaire satirique, une bonne blague salée, et le voilà parti. Et quand il la trouve bonne, il la trouve bonne. Il peut répéter le même mot d'esprit mille fois. Marie-Josée peut bien le faire attendre, elle est si patiente.

L'orchestre de chambre se met à jouer. Là voilà ! Tout en beauté. Qui m'aurait dit, il y a quatre ans, que mon *chum* si déçu de l'amour serait aujourd'hui en train de s'unir pour la vie ? C'est beau. Dans ce monde aux amours circonstancielles, ça en prend qui veulent plus que des circonstances, ça en prend qui veulent de la constance. S'aimer dans la durée. Pour que notre vie ait un sens et que cette raison soit la passion. Merci, Éric, de faire un pied de nez aux statistiques, un pied de nez à l'égoïsme, et de t'engager à aimer quelqu'un. Pas t'aimer toi à travers plein de monde. Non, aimer quelqu'un pour ce qu'elle est. Être deux, c'est mieux qu'être un.

Éric et Marie-Josée sont assis l'un à côté de l'autre. Il ne l'attendra plus. Elle est là. Pour tout le temps. Je sais que le mariage, ce n'est plus ce que c'était. Qu'on peut maintenant le retourner au magasin. Mais je connais Éric. Quand il s'engage, ce n'est pas à moitié. Quand il fonce au but, rien ne peut le faire bifurquer.

Félicitations, Éric et Marie-Josée ! J'ai hâte au baptême ! Et si le bon Dieu veut être aussi bon avec moi qu'il l'est avec vous, j'y serai encore avec ma Marie-Pier.

Le dimanche 5 mars 2006

Une famille dans un panier

Lundi matin, je suis en train de tourner un clip où l'on voit des cols bleus qui dansent le pied de poule autour d'un nid-de-poule rue Dalhousie, près du pont Victoria. Soudain, mon téléphone mobile vibre. Une photo de Marie-Pier apparaît sur mon écran. Celle où elle m'envoie un bec durant notre voyage aux Bermudes. Quel doux gadget ! Je réponds. « Allô, mon amour...

— Juste pour te dire que Binette est en train d'accoucher. Bye ! Je t'aime ! »

Jamais entendu autant de soleil dans la voix de ma blonde. Ça fait depuis que notre chatte se promène dans le voisinage que Marie-Pier me répète qu'elle est enceinte. Tellement que je n'y croyais plus. Elle avait beau avoir la bedaine qui lui pendouillait entre les pattes, je réfutais l'évidence. Et voilà que ce matin, Binette a mis bas dans un coin de notre chambre, près de la penderie. D'abord, un premier, tigré, puis un gris pâle, puis un gris foncé et enfin un tout noir. Marie-Pier a vu sortir tout ça.

Binette a léché chacun de ses rejetons, a bouffé le placenta et s'est laissé téter toute la journée. Les chatons se battent pour ses tétines. Ils foncent les yeux fermés dans les poils, sucent tout ce qu'ils rencontrent jusqu'au moment de se mettre sous la gueule la divine ventouse. Ils restent prostrés là. Jusqu'à ce que la mère se tanne. Alors elle s'étire un peu, tasse d'une patte sa portée, sort du panier familial, que ma blonde a acheté pour l'occasion, et va se reposer sur le plancher un peu plus loin. Les bébés ne peuvent pas la suivre. Ils bougent à peine. Ils ressemblent à des queues de lapin qu'on accroche à un porte-clefs. Ils dorment les uns par-dessus les autres. Binette en profite pour descendre au premier étage. Elle mange à son tour. Boit un peu d'eau. Et retourne nourrir sa gang.

Je n'en reviens pas. Normalement, elle aurait demandé qu'on lui ouvre la porte. Elle aurait miaulé, gratté, fait tous les temps. Mais depuis qu'elle est mère, plus question d'aller prendre l'air. Binette est une chatte responsable. Elle sait que ses petits ne peuvent se passer d'elle plus de quelques minutes. Alors elle est là pour eux. Personne ne lui a dit d'être là. Elle sait d'instinct qu'elle doit y être. Qu'elle doit penser à eux avant de penser à elle. Les animaux peuvent nous en montrer, parfois. L'humain a tendance à croire que son instinct est égocentrique. Qu'il ramène tout vers lui et qu'il doit lutter contre sa nature pour aller vers les autres. Binette nous démontre tout le contraire. L'instinct de survie, c'est de protéger les autres. Car notre seule survivance est dans ce qu'on aura légué à ceux qui nous entourent. La famille, c'est sacré. Et l'humain est en train de l'oublier...

Il y a quelques semaines, Binette était elle-même un chaton qui gambadait partout. Elle se sauvait dès qu'on entrouvrait la porte, passait des nuits sur la corde à linge et revenait tout ébouriffée. Et voilà qu'elle est devenue instantanément une mère. À la seconde où le tigré est sorti, elle s'en est occupée. Sans relâche depuis.

Je suis finalement revenu de mon tournage. J'ai monté l'escalier en troisième vitesse. Et je me suis installé devant le panier pour contempler la petite famille. Wow ! Ils sont beaux. Je sais, ce ne sont que des chats. Mais il y a dans le spectacle de la vie qui commence quelque chose d'émouvant. La fragilité de l'existence est l'ultime beauté.

Binette me regarde les regarder. Sans agressivité. Elle a confiance. Pas juste parce que c'est moi. Binette a un côté hippie, je vous l'ai déjà dit. Elle fait confiance à tout le monde. Et la maternité ne l'a point changée. Tous les amis ont défilé devant la penderie pour voir les quatre boules de poil. Binette a accueilli la visite poliment. Après un quart d'heure, elle se couchait sur sa marmaille, l'air de dire : « C'est assez, on ferme ! » Et on la laissait tranquille. Pas longtemps.

Ça va faire une semaine demain que notre chambre est squattée par une famille de chats. Le petit noir est le plus costaud. Il tasse frères et sœurs et accapare les mamelles. Le gris pâle, lui, a l'air rejet. Il fait bande à part. Il tète sa mère dans le cou. Ce n'est pas pour rien qu'il est le plus petit. C'est le préféré de ma blonde. Et le mien aussi.

Binette ne vient plus dormir avec nous. Elle dort avec eux. Parfois, elle vient chercher Marie-Pier, quand elle veut déplacer son panier pour être encore plus à l'abri.

Moi, en ce moment, je suis un coton. Binette m'ignore totalement. Elle n'en a que pour ses chatons et Marie-Pier, sa sage-femme ! Que voulez-vous, je suis un mâle, et les mâles, ces jours-là, ne sont bons qu'à une chose : prendre des photos.

La cachette de nuit

Il fait noir. Je suis dans un sous-bois, derrière un arbre. Les yeux fermés, j'attends. J'attends qu'on ne me trouve pas. On joue à la cachette autour du chalet de mon oncle Yvon, au lac des Français. Mon cousin Martin, ma cousine Violaine, mon frère Bertrand, ma sœur Dominique et ma mère sont cachés aussi. C'est mon oncle Yvon qui cherche. Avec sa grosse lampe de poche, il balaie le terrain de lumière.

« Dominique, je t'ai trouvée ! »

Ma sœur est toujours la première à être découverte. Elle était derrière le chalet, en petit bonhomme. Assez facile à repérer. Je pense qu'elle veut qu'on la trouve au plus vite, elle a peur dans le noir. Et puis les jeux, ce n'est pas son fort. Surtout tard le soir. Elle préfère dormir. D'ailleurs, c'est ce qu'elle est partie faire, toute contente.

« Léonie, je t'ai trouvée ! »

Léonie, c'est ma mère. Mon oncle l'appelle Léonie parce que c'est son nom, mais à mes oreilles ça sonne toujours drôle. Maman était cachée à côté de ma sœur, par mesure de précaution. Souvent, ma sœur s'endort dans sa cachette et on est des heures à la chercher.

« Violaine, je t'ai trouvée ! »

Ma cousine était cachée sous la galerie. Mais elle a crié quand elle a vu une araignée. Mon oncle n'a eu qu'à suivre le son.

« Bertrand ? Stéphane ? Martin ? »

Tout va se jouer entre les trois gars. Qui sera le dernier caché ? Ça dépend de mon oncle. Violaine et ma mère l'accompagnent dans ses recherches. Les filles ont hâte que la partie se termine. Elles veulent jouer à *Clue*, après.

« Papa, Bertrand est ici ! »

Violaine vient de trouver mon frère. Il était caché dans l'auto de mon père. Mon frère adore les autos. Autant qu'il haït perdre. Il se joint à la gang pour mettre la main sur les deux fugitifs encore cachés.

Je commence à avoir froid derrière mon arbre. Je suis à l'orée du sous-bois. Assez loin pour qu'on ne me voie pas, assez proche pour entendre tout ce qui se passe. Parfois, j'entends aussi des craquements et je n'aime pas ça. Paraît qu'il y a des renards. Mon oncle Yvon a même dit qu'une fois, il a cru voir un ours. Est-ce vrai ou a-t-il dit ça pour me faire peur ? En tout cas, ça fonctionne, j'ai peur. Vite, trouvez Martin, que je sorte de là !

« Martin, je t'ai trouvé ! »

Enfin ! Martin était caché derrière le pédalo au bord du lac. D'habitude, on se cache ensemble. Dans la même cachette. On est comme les deux doigts de la main. C'est pourquoi mon oncle examine le pédalo et le quai de fond en comble. Je devrais être là. Mais je n'y suis pas. Je suis très loin de là. Je suis rusé… comme un renard. Oups !

Je pense que je vais me dévoiler ! Après tout, je suis le vainqueur. Je cours rejoindre la famille.

« C'est beau, Stéphane, tu peux sortir ! T'as gagné ! »

Tout le monde se précipite dans la maison. Ils ont froid. Seul mon oncle reste dehors pour me féliciter. Mais je n'arrive pas. Je cours, je cours, et je n'arrive pas. Je ne dois pas courir dans la bonne direction. Je change de bord. Je cours, je cours. Je suis toujours dans le sous-bois. De plus en plus dans le sous-bois. Et la voix de mon oncle qui crie mon nom est de moins en moins forte.

« Stéphane ! Stéphane ! »

Tout le monde est ressorti du chalet. Même mon père, qui ne trouve pas ça drôle : « Vous, avec vos jeux le soir ! » Tout le monde me cherche. Et moi aussi, je me cherche. Je ne pensais pas que le sous-bois était si grand que ça. Je crie de toutes mes forces : « Je suis là ! Je suis là ! » Ils ne m'entendent pas. Je dois être creux en maudit. À moins qu'ils cherchent autour de l'eau. C'est ça, ils doivent avoir peur que je sois tombé dans le lac.

« Je suis dans le bois ! Je suis dans le bois ! »

J'arrête de courir. Je m'assois contre un arbre et je pense à mon affaire. Il ne me reste plus qu'à attendre le soleil. C'est mon seul espoir. Je vais dormir ici. Comme un héros. J'entends des bruits. Renard ? Ours ? Non, Bertrand ! Je vois la lumière de sa lampe de poche !

« Bertrand ! Bertrand ! »

Mon frère est toujours là quand j'ai besoin de lui. Pendant que les autres fouillaient autour du quai, il a décidé de piquer vers le sous-bois. L'instinct fraternel. Je lui prends la main et nous sortons de ma cachette ensemble. Ma mère me serre dans ses bras : « Ne va plus jamais te cacher là ! » Elle me chicane, mais je sens à quel point elle est contente de me retrouver. D'ailleurs, tout le monde semble si heureux de me revoir, c'est vraiment agréable. Même ma cousine me serre dans ses bras. *Cool!* Mon père aussi, mais après il dit : « C'est fini, ces jeux-là ».

Il avait raison. On n'a plus joué à la cachette de nuit pendant deux bonnes semaines. Puis on a recommencé. Je ne me suis plus jamais caché dans le sous-bois. Mais tous les autres, sauf ma sœur, l'ont fait. Ils voulaient trop gagner. Et on a failli tous les perdre.

Quel bel été à se retrouver !

∂∽∾

Attention aux enfants !

S oyons fins avec les enfants. C'est tout ce que j'ai envie de dire ce matin. Prenons soins des enfants. Protégeons-les. Aimons-les. Si ce monde est cruel, si ce monde est *fucké*, c'est parce qu'il y a eu trop d'enfants délaissés, brimés, frappés, agressés. Et qu'en vieillissant, leur malheur s'est propagé. Jusqu'à atteindre d'autres enfants. Et la roue tourne. La roue qui écrase des vies. La roue qui détruit des âmes.

La seule façon de changer le monde, c'est de changer notre façon de traiter les enfants. Si on les aide à s'épanouir, si on leur donne confiance en eux, si on les accompagne sur leur chemin, au lieu de les forcer à prendre le nôtre, si on les aime pour ce qu'ils sont, ils feront de bonnes per-sonnes. Et le monde sera meilleur. C'est aussi simple que ça. C'est aussi difficile que ça.

Que nous soyons, parents, grands-parents, oncles, tantes, éducateurs, moniteurs, nous avons tous l'occasion de participer au développement des enfants. Et aucune de nos autres tâches n'est plus vitale que celle-là.

L'avenir de ce monde est entre nos mains. Faisons attention à eux. Soyons bons avec eux. Tout ce que l'on dit, tout ce que l'on fait à un enfant a une importance capitale. Et une influence énorme. Le moindre de nos gestes peut les marquer pour longtemps.

De bonne ou de mauvaise façon. Imaginez si nous redoublons tous d'efforts pour que ce soit de la bonne. Imaginez le changement que ça ferait dans 10 ans. Donnons-leur le meilleur de nous-mêmes. Parce qu'ils sont ce qu'on a de plus précieux.

Pas besoin de faire de miracle. Si on prenait seulement plus de temps pour les écouter. Nous vivons dans un monde d'adultes où la voix des enfants est muette. On s'en sert pour vendre des pneus, des hamburgers ou des agents immobiliers, mais quand est-ce qu'on les entend vraiment dire ce qu'ils ont en dedans ? Et pourtant, ça nous ferait tellement de bien. D'arrêter toutes nos conversations qui servent à convaincre, qui servent à aller nous chercher de l'avancement, pour se mettre à l'écoute de ce que pensent les enfants. On retrouverait un peu notre innocence, de notre espérance.

Dans la grande toile médiatique, il y a peu d'oasis où l'on peut entendre les gamins s'exprimer. Heureusement, il y a *275-Allô* sur la Première chaîne de la radio de Radio-Canada, du lundi au jeudi, à 19 heures. L'animatrice Valérie Letarte reçoit les appels des petits. Et c'est passionnant de les entendre parler.

Ils parlent de ce qu'ils font, de ce qu'ils aiment. Ils ne parlent pas pour faire l'éloge d'eux-mêmes, de leurs partis ou de leurs produits. Ils parlent simplement. De leur chien ou du vent. Ils parlent sincèrement.

Dans ce monde où la valeur des gens dépend de combien ils ont d'argent, les enfants passent au deuxième rang. Les enfants ne comptent pas vraiment. Et pourtant, ils peuvent nous en montrer tellement sur la valeur des choses. L'enfant sait que tout ce qui compte, c'est l'instant présent. Si on le savait aussi, on ne le lui gâcherait pas. On ne se le gâcherait pas.

Il a une drôle de coupe de cheveux et une allure d'une autre époque, mais il a écrit un des plus belles chansons qui soit sur la responsabilité des grands envers les petits. Je vous invite à lire quelques couplets de *Blessures d'enfance* d'Yves Duteil. Et après allez donc voir *Les Choristes*. Avec vos enfants.

Blessures d'enfance
(paroles et musique : Yves Duteil)

On ne sait pas toujours à quel point les enfants
Gardent de leurs blessures le souvenir longtemps
Ni comme on a raison d'aider à s'épanouir
Cette fleur dans leur âme qui commence à s'ouvrir.
Moi qui rêvais d'amour de musique et d'espoir
Je m'endormais cerné de frayeurs dans le noir
Certain que tous les rêves étaient sans lendemain
Je m'éveillais toujours le vide entre les mains.
Chacun vivait pour lui dans sa tête en silence
Et je chantais mon âme en pleine indifférence
Encombré de mes joies troublé de mes envies
Faisant semblant de rien pour que l'on m'aime aussi...
Aujourd'hui j'ai grandi mais le silence est là
Menaçant, qui revient, qui tourne autour de moi
Je sais que mon destin, c'est d'être heureux ailleurs

Et c'est vers l'avenir, que j'ai ouvert mon cœur.
Mais j'ai toujours gardé de ces années perdues
Le sentiment profond de n'avoir pas vécu
L'impression de sentir mon cœur battre à l'envers
Et la peur brusquement d'aimer à découvert.
On ne sait pas toujours à quel point les enfants
Gardent de leurs blessures un souvenir cuisant
Ni le temps qu'il faudra pour apprendre à guérir
Alors qu'il suffisait peut-être d'un sourire.
Moi qui rêvais d'amour de musique et d'espoir
J'ai attendu en vain ce geste ou ce regard
Mais quand un enfant pleure ou qu'il a du chagrin
Je crois savoir un peu ce dont il a besoin.

Le retour de janvier

Janvier est de retour. Et nous aussi. Dans la grande salle des casiers du Collège de Montréal, nous sommes quelques centaines de garçons à essayer de nous remémorer la combinaison de notre cadenas. Les vacances de Noël ont duré à peine 15 jours, mais on a vécu tant de choses, on dirait qu'on est partis depuis longtemps. Si longtemps. Il y a eu les préparatifs, les décorations, les cadeaux à emballer, les cadeaux à deviner, les cadeaux à donner, les cadeaux à ouvrir, les cadeaux à faire fonctionner, les cadeaux à retourner. Et plein de monde à saluer, à embrasser, à rencontrer. Et plein de bouffe. À manger, à digérer. Tout ça pas juste une fois, deux fois. À Noël et au jour de l'An. Comme une émission en reprise. En une semaine, les deux plus gros *partys* de l'année. Entre les deux, des journées à s'*évacher*, à jouer avec ses jouets pendant que papa dort devant le feu de foyer.

On avait tellement hâte à Noël, et voilà que c'est derrière nous, déjà. Le sapin est dans les déchets. Le père Noël est au bureau de chômage. La vie continue.

Quand on revient à l'école en septembre, on ne le dit pas trop fort, mais on est content. Deux mois à ne rien faire, c'est assez. On est heureux de revoir ses amis d'école. Surpris de voir qu'ils ont tellement grandi. On est même content de revoir les profs. Mais quand on revient à l'école en janvier, on a le cœur qui boude. Je serais bien resté chez nous deux semaines de plus comme mon frère, qui va au cégep. À dormir le matin, à jouer avec mon nouveau jeu de hockey sur table, à écouter mon nouveau disque d'Yvon Deschamps. Mes *chums* du Collège, j'ai pas eu le temps de m'ennuyer d'eux. Aucun n'a eu le temps de grandir, mais ils ont presque tous grossi. Les profs sont verts, pochés. La dinde les a contaminés.

Il est 8 h 30. Je suis assis à mon bureau. Déprimé. C'est le cours d'anglais. Et je sens qu'il va être long. Interminable. Le retour de janvier, c'est un profond tunnel. Et la lumière est loin, loin.

En novembre, quand les jours raccourcissent, que le soleil s'en va dans le Sud, il y a toujours l'étoile de Noël qui brille dans le ciel. On compte les semaines avant Noël. Puis les jours, puis les heures. Mais le 9 janvier, on compte les jours avant quoi pour nous aider à passer à travers l'hiver, le froid et les devoirs ?

La prochaine fête, c'est la Saint-Valentin. Laissez-moi vous dire que, dans un collège de gars, c'est pas très attendu. Après, il y a bien Pâques, mais Pâques, on ne sait jamais c'est quand. Et puis le congé est très court. Et pas très jojo. Le vendredi, faut pas avoir trop de plaisir, Jésus meurt. Le dimanche, la messe de midi est moins excitante que la messe de minuit. Et les cadeaux sont petits. Un œuf au chocolat de Laura Secord, c'est bon, mais ce n'est pas un jeu de hockey sur table. Bref, le congé pascal, c'est pas ça qui me fera rêver durant mon cours d'anglais. Dans mon temps, le *March Break* n'existait pas. Quand on revenait de Noël, on en avait jusqu'à la Saint-Jean-Baptiste avant d'avoir plus de quatre jours d'oisiveté. Dur, dur.

Il est 8 h 32. Janvier n'avance pas. Il va falloir que je fasse avec. Il va falloir que j'aime l'école pour l'école. Parce que c'est mon présent, et mon avenir. Les vacances sont trop loin pour y penser. Les journées de cours, les soirées à étudier, les profs sévères, les copains tannants, les faces longues, les yeux fatigués, mieux vaut m'y habituer. C'est là pour rester.

C'est en janvier qu'on sépare les hommes des enfants. Qu'on voit ceux qui portent en eux ce qui les fait avancer. Le père Noël n'est plus là pour nous combler pendant qu'on dort. Il n'y a que nous pour nous rendre heureux. Les autres sont occupés.

Les gens qui sont heureux en janvier le seront toute l'année.

Il est 8 h 35. Et si j'écoutais le prof parler ? Et si j'apprenais l'anglais ? Ça pourrait être plaisant. Je comprendrais toutes les *tounes* des Beatles. *I love you, you love you, she loves you...*

Mon boudin est terminé. Je suis OK jusqu'à l'été.

Pendant un mois, tout le monde nous souhaite joyeux Noël, mais personne ne nous souhaite un joyeux janvier. Pourtant, c'est ce dont on a le plus besoin. Joyeux janvier, amis lecteurs !

Des souvenirs en couleur

Seize juillet 1976, c'est aujourd'hui ou jamais. Ça fait des années que je la demande. Des années que je la veux. Et mon père me dit toujours non. Tous mes amis l'ont eue depuis déjà longtemps. C'est pas juste. Ce midi, je m'essaie. Encore.

Mon père est venu dîner à la maison. Il mange un sandwich aux tomates. Je m'assoie à côté de lui, avec mon *grilled cheese* :

« Allô !

— Salut.

— Fait chaud...

— Oui.

— Euh... papa, tu te souviens, à Noël, quand je t'ai demandé si on pouvait avoir une télé couleur, tu m'avais dit : « Peut-être plus tard. » Ben, est-ce qu'on est plus tard ?

— Plus tard, c'est plus tard que ça. Ça ne presse pas. Notre télé est encore bonne...

— Papa, elle a 20 ans, notre télé ! Elle sent le chauffé ! Quand on l'allume, ça prend une heure avant que l'image apparaisse...

— Non, non. C'est la meilleure des télés : on n'en fait plus des comme ça !

— C'est sûr qu'ils en font p'us, c'est une Electrohome ! Y font juste des aspirateurs, *astheure* !

— Est ben correcte...

— P'pa, elle est en noir et blanc. Plus personne a ça !

— La télévision couleur, c'est une mode, y'en aura plus dans deux ans...

— C'est le contraire !

— Pis à part ça, on les voit, les couleurs, sur une télé noir et blanc.

— ... »

Je reste bouche bée. Ça fait sept ans que j'essaie de convaincre mon père d'acheter une télé couleur, et chaque fois qu'il me sort cet argument-là, je suis décontenancé. Mon père, l'homme le plus *straight* de la création, me regarde dans les yeux et me dit qu'il voit les couleurs quand il regarde sa télé noir et blanc ? On a beau être au cœur des années Harmonium, mon père ne fume que des Matinée. Cette fois, je décide de le mettre au défi :

« Quelle est la couleur du veston de Lionel Duval ?

— Euh... Beige.

— Non. Bleu poudre !

— Comment tu le sais ?

— Je l'ai vu chez mon cousin Martin.

— Beige, bleu poudre. Ça se ressemble...

— Ah, papa ! Demain, c'est le début des Jeux olympiques, ça va être fantastique, il va y avoir plein d'épreuves, je vais tout regarder, mais ce serait le *fun* de les regarder en couleur. D'avoir dans ma tête des souvenirs en couleur des Jeux de Montréal. De voir le bleu de la piscine, le vert du gazon, l'or des médailles...

— Stéphane, ça coûte trop cher. Faut que je retourne au bureau. Salut ! »

Mon père se lève et s'en va. Fin de la conversation. Je prends mon gant et ma balle et je vais m'exercer sur la porte du garage. Je fais souvent ça quand je suis contrarié. Je lance la balle et je l'attrape. Comme Steve McQueen dans *La Grande Évasion*. Et pendant ce temps, un tunnel se creuse dans ma tête. Un tunnel qui passe à travers les problèmes. Un tunnel qui me ramène vers la lumière.

Il est 18 h. Mon père arrive du bureau. Je suis devant la télé. Je regarde les informations. Il va parler avec ma mère dans la cuisine. Puis ma mère vient me rejoindre dans le salon :

« Stéphane, on va faire une course : on ne sera pas partis longtemps. Ça te dit de venir avec nous ?

— Vous allez où ?

— On va rue Sherbrooke, acheter une télé couleur. »

Mes yeux deviennent grands comme Jupiter. Papa a dit oui ! Papa a dit oui ! Pourquoi il ne me l'a pas dit lui-même ? Je ne sais pas. Peut-être parce qu'un papa, ça ne doit pas céder. C'est fait pour dire non. C'est la mère qui dit oui.

On est au magasin, rempli de télés couleur. Mon père me demande :

« C'est laquelle, la meilleure ?

— La Trinitron de Sony.

— Vingt pouces, c'est assez...

— C'est parfait ! »

Le 17 juillet 1976, je me suis installé devant notre nouvelle télé. Et je me suis relevé deux semaines plus tard. J'ai tout regardé : la gymnastique, l'escrime, l'athlétisme, le judo, la boxe, le tir à l'arc, le kayak, le plongeon, le hockey sur gazon. Tout. J'ai vu les chemises couleur pizza multicolore des annonceurs de Radio-Canada : rouge, jaune et bleu.

J'ai vu la combinaison crème de Nadia Comaneci. J'ai vu les vestons rouges des hommes à chevaux.

J'ai vu le ciel bleu au-dessus d'un stade sans toit. Le soir, quand je me couchais, il y avait plein de couleurs sous mes paupières. Et dans mes rêves.

Si l'été 1976 a coûté cher à tous les Montréalais, il a coûté un peu plus cher à mon père. Mais ça valait la peine. Ça valait la joie. Merci, p'pa !

Mes excuses aux Barbies

Ma sœur est à l'école. Moi, je ne vais pas à l'école encore. Ma mère fait sa petite sieste de l'après-midi. Les journées sont longues pour les mamans. Elle pense que je suis en train de lui faire un dessin. Mais je ne suis pas en train de lui faire un dessin. Je suis dans la chambre de ma soeur, en train de jouer avec ses Barbies. Je n'ai pas le droit de jouer avec ses Barbies. Elles sont à ma soeur. Moi, j'ai un G.I. Joe. Je suis censé jouer avec mon G.I. Joe. Mais mon G.I. Joe s'ennuie, tout seul. Il n'a pas d'ami. Même pas d'ennemi. C'est lui qui m'a demandé d'aller voir les Barbies. C'est pour ça que je suis en train d'ouvrir la grosse maison de Barbie bien rangée de ma soeur. Et d'y foutre le bordel.

Car quand G.I. Joe arrive chez les Barbies, ça y va par-là ! Méchant *party*! Il vient sauver la belle Barbie des griffes du méchant Ken. Qui n'est pas un bon *chum*. Trop possessif. Grosse bataille entre Joe et Ken. Le mobilier vole à travers la maison. Finalement, G.I. Joe assomme

Ken avec la table de maquillage, puis il se sauve avec Barbie. Mais celle-ci a oublié de faire sa valise. Elle revient *paqueter* ses robes. C'est alors que Ken se réveille et saute sur G.I. Joe. Le combat recommence. Et... Oups! Je pense que ma mère se réveille aussi. Je referme la maison de Barbie et je cours dessiner dans ma chambre.

Ma mère vient me voir :

« Il n'y a pas grand-chose, dans ton dessin...

— C'est parce que c'est l'hiver, c'est blanc. »

Ma sœur revient de l'école. Elle entre dans sa chambre. Dépose son sac. Se prend un jus de raisin dans la cuisine. Retourne dans sa chambre. Et décide de jouer avec ses Barbies. Oh! non! Elle ouvre sa maison de Barbie. Tout est à l'envers. Les vêtements ne sont plus bien rangés sur les petits cintres. Les perruques ne sont plus sur les têtes en plastique. Le lit est rendu dans le salon. La cuisinière est dans la piscine. Ken est attaché aux rideaux. Et surtout, surtout, Barbie est tout dépeignée. Plein de nœuds dans ses cheveux! Ma sœur crie : « Maman, Stéphane a joué avec mes Barbies ! »

Pas d'hésitation. Pas d'enquête. Elle a tout de suite trouvé le coupable. C'est pas juste. Même si elle a raison. Ma mère, elle, est moins pressée de me lancer la pierre.

« Es-tu certaine, Dominique?

— Ben là, qui d'autre veux-tu que ce soit ? Quand je suis partie, ce matin, mes Barbies étaient toutes bien placées.

— Pourtant, il a passé l'après-midi à dessiner. Stéphane, viens ici !

J'arrive lentement.

— Est-ce que c'est toi qui as joué avec les Barbies de ta sœur?

— Oui, c'est moi.

— Pourquoi t'as fait ça ? Tu sais bien que tu n'as pas le droit de jouer avec les Barbies de ta sœur. Excuse-toi !

— Je m'excuse.

— Tu ne le feras plus ?

— Non.

— Va dans ta chambre. Tu ressortiras pour le souper. »

Ça a pris deux jours. Et je suis retourné dans la chambre de ma sœur en cachette, jouer avec ses Barbies. Et je me suis refait prendre. Et je me suis excusé. Encore et encore. Des dizaines et des dizaines de fois. Chaque fois que je m'excusais, je me sentais coupable. Un peu. Mais c'était plus fort que moi. Dès que je m'ennuyais dans la maison, dès que je me sentais seul parce que mon frère et ma sœur étaient à l'école, j'allais chercher la compagnie des Barbies de ma sœur. Ce n'est qu'en entrant en première année que j'ai finalement respecté la consigne de ne plus toucher aux Barbies de ma sœur. Je n'en avais plus envie. J'étais rendu un vrai gars. Qui ne joue pas avec des *catins*.

Tout ça pour dire que ce n'est pas parce qu'on s'excuse que l'on change. Les excuses faites sous la pression populaire ou la pression de sa mère ne valent pas grand-chose. En ce moment, la mode est aux excuses. En une semaine, on a eu droit aux excuses du pape, de Guy Fournier, du Parlement canadien, de Daniel Petit et du *Globe and Mail*. Aucune, malheureusement, n'est venue spontanément. Surtout pas celles du *Globe*. Alors, ce serait étonnant de voir de leur part un changement de comportement. Ils vont retourner jouer aux Barbies assez rapidement. Et se remettre à casser du sucre sur le dos des Québécois.

Il n'y a rien de plus beau que des excuses qui viennent du coeur. Qui sont dictées par un regret sincère. Mais ces excuses sont aussi rares que le grand pardon.

On ne sait plus aujourd'hui, lorsque quelqu'un s'excuse, s'il s'excuse pour nous ou pour lui. Pas pour le tort que son geste nous a fait, mais pour le tort que les conséquences de son geste peuvent lui faire à lui.

C'est pas facile de s'excuser. Ou ce l'est trop.

Moi, je l'avoue, je m'excusais à ma sœur juste pour qu'on arrête de me chicaner. Mais au fond de moi, je me disais que moi aussi j'avais le droit de jouer aux Barbies. Et je recommençais.

Alors, ce matin, je m'excuse de m'être excusé sans y croire vraiment. C'était la faute la plus grave.

Des nouvelles de Binette

La dernière fois que je vous ai parlé de Binette, c'était à la fin février ; elle venait d'accoucher. Je vous vantais sa maternité. Le lendemain, mon amie Stéphanie vient voir la portée. J'ouvre la porte du placard de notre chambre, les quatre petits bouts de chatons sont là. Les yeux encore fermés mais la bouche grande ouverte, ils essaient d'émettre des sons. Stéphanie les trouve beaux mais bizarres. Ils n'ont pas l'air bien. Ils ont l'air d'avoir faim. Binette ne doit pas être loin. Elle les nourrit aux quarts d'heure.

Binette ! Binette ! Binette ! Pas de Binette. On la cherche. André-Philippe, qui chambre à la maison entre deux avions pour Las Vegas, la cherche aussi. Peine perdue. On ne la trouve pas. Binette s'est poussée. Est-ce le blues *post-partum* ? Est-ce le poids de sa nouvelle célébrité, elle qui posait la veille dans *La Presse* ? Toujours est-il qu'il y a dans un panier quatre chats en manque, quatre chats en état d'urgence.

Mon ami Richard parcourt le quartier à la recherche de la mère dénaturée. Binette ! Binette ! Binette ! J'appelle Marie-Pier sur son cellulaire. Elle dîne avec sa copine Roxane.

« Marie, l'heure est grave, nos bébés sont en train de crever de faim.

— Appelle le vétérinaire. »

C'est ce que je fais. Il faut aller chercher des biberons remplis d'un produit semblable au lait maternel, puis leur donner.

Vingt minutes plus tard, Stéphanie et moi, accroupis dans le placard, on essaie de convaincre les chatons de téter nos biberons. Ils ne veulent rien savoir. Ils doivent boire durant 20 minutes. Ils ne boivent même pas durant trois secondes. Marie-Pier arrive à la rescousse. Mais les chats poursuivent leur jeûne. Et ils crient de plus en plus fort.

Stéphanie propose qu'on bricole une fausse chatte en toutou et qu'on lui accroche les biberons. Les petits chats penseront que c'est leur mère et la téteront. Ou on pourrait louer un costume de chatte et aller se coucher avec eux dans le panier, les biberons collés au ventre. Tant que les petits n'auront pas l'impression d'être avec leur mère, ils feront la grève de la faim. Ce sont de bien bonnes idées. Mais pas faciles à réaliser.

Marie-Pier parvient tant bien que mal, en les flattant doucement, à leur faire ingurgiter quelques gouttes. C'est mieux que rien. Mais ce n'est pas assez. Le temps file. Je devais être au studio de télé à 14 h. Il est 16 h et je suis toujours à quatre pattes, en train de donner la tétée. Du moins en train d'essayer. Il faut que je m'en aille. Mais avant, je dois trouver une solution. Marie-Laure ! Bien sûr : Marie-Laure ! Ma tante qui est l'amie des bêtes.

Pas un animal de la création ne lui résiste. C'est une Brigitte Bardot avec un cerveau. Je lui laisse un message : « Viens au plus vite à la maison sauver nos chatons ».

Je quitte ma blonde le cœur gros. « Monte la garde, c'est moi qui m'occuperai d'eux toute la nuit. » On s'embrasse. Bye, Stéphanie ! Et je fonce vers Saint-Hubert avec Richard, qui n'a toujours pas retrouvé Binette. André-Philippe non plus. Il doit s'en aller lui aussi, son avion s'envole dans une heure.

Toutes les 30 minutes, j'appelle Marie-Pier. Binette est-elle revenue ? Non. Les chatons boivent-ils ? Pas vraiment. Je m'en veux d'avoir fait l'apologie de l'instinct maternel de Binette. Ma chatte n'est qu'une traînée qui préfère courir la *galipote* plutôt que de s'occuper de ses petits.

Marie-Laure arrive enfin. Avec sa touche magique, elle parvient à faire boire les chats avec plus d'appétit. Elle donne même à ma blonde une recette spéciale pour leur concocter un lait qui goûtera encore meilleur. Les chatons sont sauvés pour l'instant. Mais nous devrons jouer à la nourrice toutes les 15 minutes.

Il est 23 h, je suis toujours sur le plateau de *Demandes spéciales*. Mon cellulaire sonne. C'est mon amour. Tu sais pas quoi ? Elle a retrouvé Binette. Elle était enfermée dans le placard du bureau, qui est contigu à celui de notre chambre. Tout ce temps, un mur séparait les chatons des pis de leur mère. Une vraie *sitcom*. Binette n'est pas une mère dénaturée. C'est nous qui sommes des maîtres distraits.

Voilà l'épisode le plus tumultueux des premières semaines de la descendance de notre chatte. Après, le temps a fait son œuvre. Les chatons ont réussi à ouvrir leurs yeux. À faire quelques petits pas hors du panier.

Puis à explorer la chambre. Et à conquérir toute la maison. En faisant leur territoire partout. Dans tous les sens du mot.

Puis un à un, les parents adoptifs sont venus les chercher. Bozo, le tout noir, est parti avec Marjo, ma filleule. Binou le grisou est parti avec Arnaud, mon filleul. Et Bobinette, la jolie tigrée, est partie avec mon amie Elsa. Il reste à la maison Binette et son gars Bécaud. Un vrai gars. Il passe ses journées à regarder l'écran de la télé et à courir après tout ce qui bouge.

Voilà, c'est tout. C'était des nouvelles de Binette et de sa gang. Pas de grande morale ce matin. C'est aussi simple que ça, une vie de chat.

Le baseball dans la ruelle

C'était au temps où l'été, il faisait beau. En 1970. On joue au baseball dans la ruelle. Tous les jours. Mon frère, le voisin et moi. Je sais, jouer au baseball à trois, ce n'est pas évident, mais que voulez-vous, à Montréal, il n'y a jamais grand monde au baseball! On s'est fait nos propres règlements. Il y a un lanceur, un frappeur et un joueur à la vache. Quand le frappeur est retiré, c'est au tour de celui qui a réussi le retrait de frapper. C'est pas compliqué. Le marbre est devant la haie des demoiselles Pilon. Le premier but est devant le mur en briques de la maison de madame Lajoie. Le deuxième but est dans notre entrée de garage en garnotte. Et le troisième but est sous l'escalier en fer forgé des Friedman. Quand la balle tombe sur le balcon des Durocher, c'est un circuit!

Je suis au bâton. Mon frère Bertrand lance. Et François, notre voisin, joue à la vache. Premier lancer. Je passe dans le beurre. Prise! Deuxième lancer... Non, le deuxième lancer n'arrivera pas tout de suite. Pas avant cinq bonnes minutes. Parce que voyez-vous, le gros inconvénient à jouer au baseball à trois, c'est qu'il n'y a pas de receveur. Personne pour arrêter la balle quand le frappeur s'élance dans le vide. Ce qui arrête la balle, lors d'un match de baseball dans la ruelle, c'est la haie des demoiselles Pilon. Et je suis en ce moment, à quatre pattes, en train d'essayer d'extirper notre balle de leur haie très fournie. Qui est quand même de moins en moins fournie à mesure que notre saison de baseball avance !

Une des demoiselles Pilon sort sur sa galerie : « Bon, vous êtes encore sur mon gazon ! Allez-vous arrêter d'abîmer mon beau gazon !? Pis ma haie !? » Ma mère sort sur son balcon : « Excusez-les, mademoiselle Pilon, ils vont faire attention. Les garçons, pourquoi vous n'allez pas jouer dans la cour d'école en face ? »

On ne répond pas. Tous les jours, maman nous pose cette question. Et tous les jours, on fait comme si on ne l'entendait pas. C'est sûr que juste en face de chez nous, il y a une belle grande cour d'école avec un losange de baseball tracé sur le béton. Et une clôture en grillage tout autour. Comme les vrais. On y serait bien. On aurait de la place. Mais pour nous, le baseball, ça se passe dans la ruelle. On y joue depuis qu'on est petits, et même lorsqu'on sera rendu gros comme Boog Powell, Harmon Killebrew et Frank Howard, on y jouera encore. Question de cachet, d'atmosphère et de souvenirs.

Mademoiselle Pilon secoue la tête et rentre dans sa maison. Ma mère aussi.

Je récupère finalement la chère balle et je l'envoie à mon frère. Prêt pour le deuxième lancer. Cette fois, je fais contact. Mais... C'est une fausse balle. Et une fausse balle, lors d'un match de baseball dans la ruelle, ça veut dire que la balle atterrit en plein milieu de la rue Old Orchard.

Mon frère part à courir. Une auto klaxonne. Mon frère réussi à récupérer la balle avant qu'elle ne roule jusqu'à la Côte-Saint-Antoine. Ma mère a entendu le klaxon. Elle sort sur le balcon :

« Bertrand, fais attention ! C'est dangereux, les autos vont vous écraser ! Pourquoi vous n'allez pas jouer dans la cour d'école en face ?

— On va faire attention. »

C'est ce qu'on répond. Ma mère, découragée, retourne dans la maison. Troisième lancer, je frappe la balle en flèche, au-dessus de la tête de Bertrand. François plonge pour la saisir. Raté ! La balle rebondit dans les poubelles des Brunelle. Je contourne le premier but. François plonge son bras dans les déchets. Je contourne le deuxième but. François essuie la balle sur son chandail et la lance à mon frère. J'essaie d'éviter le gant de Bertrand en me tassant à droite. Et je me cogne la tête sur l'escalier en fer forgé des Friedman ! Je suis retiré au troisième. Je pleure ! Ma mère sort sur le balcon :

« Bon, Stéphane s'est encore cogné la tête sur l'escalier ! Pourquoi vous n'allez pas jouer dans la cour d'école en face ? Répondez ! »

J'arrête de pleurer. « J'ai rien ! J'ai rien ! » Ma mère retourne dans la maison. Tannée. C'est au tour de mon frère de frapper. C'est moi qui lance. J'ai 9 ans. Mon frère en a 16. C'est comme si Rodger Brulotte lançait à Mark McGwire. Mon frère catapulte la balle. Qui s'en va à la vitesse de l'éclair briser la vitre du solarium des Lacombe ! Pour la troisième fois de l'été ! On ne bouge pas. Mon frère ne fait même pas le tour des buts. C'est comme si quelqu'un avait mis la partie sur pause. On attend. On attend Hiroshima. Il arrive. Madame Lacombe sort sa tête du solarium : « Vous avez pas encore brisé ma fenêtre ! Mes chenapans ! »

La porte de notre balcon s'ouvre. Cette fois, ce n'est pas ma mère qui en sort. C'est mon père ! Il nous dit deux mots : « Dans' maison ! » On y va ! La partie est finie. Mon frère et moi entrons chez nous, le bâton entre les deux jambes. Et François retourne chez lui, la *mite* à terre.

Fini le baseball dans la ruelle. On était rendus trop grands. Trop forts. Surtout mon frère. On a dû se résigner. Nous n'étions plus des petits culs. C'est pas facile à accepter. Même quand tu as juste 9 ans. Le lendemain, nous sommes allés jouer dans la cour d'école en face. Dans le béton. Loin de la haie des demoiselles Pilon et des poubelles des Brunelle. On avait de la place. Trop de place. Ce n'était plus le petit jeu inventé de notre enfance. C'était le vrai jeu. La vraie affaire. Beaucoup moins plaisant.

Au lieu de jouer une fois par jour, on ne jouait plus qu'une fois par semaine. Puis une fois par mois. Puis plus du tout. L'équipe de baseball à trois de la ruelle Notre-Dame-de-Grâce a cessé d'exister.

C'est triste la fin d'une équipe de baseball. Triste comme la fin de l'enfance.

Le dimanche 15 janvier 2006

À hauteur d'homme assis

On est avant Noël, je veux me faire un cadeau. Le plus beau cadeau qu'un homme puisse se faire : une grosse grosse télé. L'ultime fantasme masculin. Ça me poigne tous les 6 ans. Ado, j'avais ramassé mes économies pour m'acheter une télé dans ma chambre. Une belle 14 pouces. Puis j'ai eu une 20 pouces comme celle de mon père. Puis une 30 pouces en appartement. Puis une 40 pouces, durant mes années de célibataire. En ce moment, j'ai une 50 pouces. C'est bien. Mais ce n'est pas assez. J'ai besoin de plus.

Ma blonde ne me comprend pas. Cinquante pouces, c'est ben en masse, selon elle. C'est sûr que pour regarder *Un monde à part*, c'est parfait. Charlotte a beau grandir, faut quand même pas qu'elle mesure 7 pieds. Mais pour regarder les émissions d'hommes, l'écran ne sera jamais assez gros. Parce que les émissions d'hommes, c'est le hockey, le baseball, le golf et le football. Des sports qui se jouent avec des petites affaires : une rondelle, une balle ou un ballon. On veut les voir !

Je suis donc au meilleur endroit pour s'acheter une belle télé. Chez Kébec-Son. Et je *trippe*. Je les voudrais toutes. Marie-Pier est là. Un peu découragée. Elle préfère les livres aux téléviseurs. Elle a raison. Mais le livre du match entre les Colts d'Indianapolis et les Steelers de Pittsburgh n'est pas sorti encore. Alors je n'ai pas le choix, il faut que je le regarde au petit écran. Qui, soit dit en passant, est de moins en moins petit. J'hésite entre une 55 pouces et une 45 pouces. La 45 pouces est plus belle. C'est un plasma. Elle s'accroche au mur. Ça serait *cool* dans le salon. Mais elle ne fait que 45 pouces. J'irais en reculant. Si je troque mon gros tube de 50 pouces pour un cadre de 45 pouces, j'arrête l'évolution. L'image est plus belle. Plus claire. Je pourrais voir les points de suture dans le visage de mes héros. Mais leurs nez seront moins gros. Je n'arrive pas à me décider. Je vais y penser. Je m'apprête à franchir le seuil de la porte, un autre spécialiste m'interpelle : « Monsieur Laporte, venez par ici... » Il m'entraîne dans une pièce en retrait du magasin. Là où est accroché un plasma de 65 pouces. Soixante-cinq pouces ! L'image est nette et énorme. C'est réglé. C'est elle que je veux. Quitte à déménager au stade olympique pour pouvoir la rentrer chez nous.

Quelques jours plus tard, c'est l'installation du monstre. Du beau monstre. Car c'est pas pour me vanter, mais ma télé paraît très bien. Elle est très *design*. Avec de beaux haut-parleurs et un petit meuble moderne pour ranger tout ce qui s'y rattache. La grande classe. Les gars de chez Kébec-Son travaillent sans relâche toute la journée, et puis à l'heure des nouvelles, ça y est. Le moment tant attendu est arrivé. Je m'assois dans mon fauteuil. Je pèse sur le piton. Wow, c'est gros. Pascale Nadeau est toute là. Un peu plus, je lui verrais même les jambes. C'est gros mais quelque chose me dérange... C'est trop haut. J'ai les yeux par en haut. Trop à mon goût. Le manufacturier recommandait d'installer le mammouth entre 38 et 42 pouces du sol. J'ai choisi 38 pouces parce que je ne suis pas grand. Mais c'est encore trop haut. Il va falloir tout recommencer.

J'ai passé tout le congé des fêtes à tenter de trouver la hauteur idéale pour mon super écran. Je mesurais avec mon gallon du nez d'André Robitaille jusqu'au plancher. Au fond, le principe devrait être simple, l'objectif de la caméra ce sont les yeux du téléspectateur. Quand l'animateur regarde la caméra dans l'objectif, il nous regarde dans les yeux. Toutes les télés devraient donc être posées à hauteur d'hommes assis. Le problème avec les gros écrans, c'est qu'on appelle plus ça des télés, on appelle ça des cinémas maison. Et la fonction de la *bébelle* est d'avantage orientée pour regarder des films que *110 %*. On pense que si quelqu'un est prêt à investir une somme considérable dans un écran gigantesque, c'est plus pour regarder *La Marche de l'empereur* en Dolby Stéréo que pour regarder les Penguins de Pittsburgh toucher le poteau. Les écrans de cinéma sont plus hauts. C'est pour ça que les acteurs et les actrices sont des *stars*. Il faut lever les yeux pour les voir. Tandis que les vedettes de la télé sont nos amies. Elles sont à notre niveau. On les veut les yeux dans les yeux. Et moi, je me suis acheté une télé pour regarder la télé. Des vues parfois, mais surtout la télé.

J'achale donc les gens de Kébec-Son pour qu'ils reviennent baisser mon précieux objet. Pas de problème. Ce sont des pros. Selon tous mes calculs savants du temps des fêtes qui ont considérablement énervé ma blonde, à 27 pouces du sol, ça devrait être *tiguidou*. Aussitôt le jour de l'An

Le dimanche 30 janvier 2005

En avant les as, Atomas !

Samedi matin. Papa et maman dorment encore. Mon ado de frère aussi. Ma sœur est partie à ses cours de ballet. Je me lève. En douce. Et je me dirige vers le salon. C'est l'heure des dessins animés. J'ouvre les deux portes en bois du meuble de la grosse Electrohome. Je tourne le gros bouton noir. Et l'image apparaît tranquillement. En noir et blanc.

Je suis arrivé juste à temps pour voir mon héros préféré. Ce n'est pas Superman. Ni Spiderman. Ni le Capitaine America. C'est Atomas, la fourmi atomique ! Il a un petit chandail rouge avec un gros A pourpre brodé dessus, des collants pourpres et un casque blanc. C'est mon idole. C'est mon double. Je me prends pour lui. Dès que son émission débute, je ne suis plus dans le salon, je suis dans la télé. Avec lui. Les dessins d'Hanna-Barbera deviennent mon univers. C'est là que je me promène. C'est là que je vis. Rien d'autre n'existe. Ma mère peut m'appeler, mon frère peut vouloir jouer au hockey, je ne bougerai pas. Tant et aussi longtemps qu'Atomas sera là. J'y serai aussi. Jamais je ne m'identifierai autant à un personnage. Il n'y a qu'à 5 ans qu'on vit les histoires aussi intensément.

Nous sommes dans sa fourmilière qu'il a transformée en laboratoire. Car Atomas est super intelligent. Oh! Ça frétille au-dessus de ses antennes. Il est en train de capter quelque chose. Il allume sa télé et voit en direct une bande de voleurs dérobant une banque. Atomas est le précurseur de CNN. Toutes les catastrophes, il peut les voir *live* dans sa tanière. Sauf que lui, au lieu de seulement les regarder, il agit. Il sauve le monde.

La fourmi atomique pousse son cri : « En avant les as, Atomas ! » Et quitte son repaire, en volant à la rescousse des victimes. Je sais que c'est une fourmi, mais il vole, le petit poing tendu. Parce qu'Atomas est atomique. Il est doté d'une force incroyable. Il est capable de lever des haltères avec un seul bras, d'arrêter une balle de fusil en pleine course et de faire tournoyer un éléphant par la queue. C'est un champion.

L'un des bandits pointe la caissière de la banque avec son pistolet. Atomas se pose sur son nez : « Au nom de la loi, je vous arrête ! » Le méchant louche. Il a peine à voir son adversaire. Il ne s'en occupe pas. Ce n'est qu'une bestiole. Qu'une *bibitte*. C'est là l'un des grands avantages d'Atomas. Tous ses ennemis le sous-estiment. Parce qu'il n'a l'air de rien. Parce qu'il est minuscule. L'effet de surprise joue toujours en sa faveur.

BONG ! Atomas envoie un retentissant coup de poing entre les deux yeux du brigand. Celui-ci revole comme s'il venait de se faire heurter par un camion. Ses complices se ruent sur Atomas. Une dizaine de semelles s'approchent de sa petite tête. Mais ce n'est pas parce qu'il est une fourmi qu'il va se laisser écraser. Il repousse ses attaquants en les faisant tomber comme des quilles. Puis il traîne leur chef par le collet jusqu'au poste de police. En le sermonnant. C'est là un des traits de caractère d'Atomas. Il fait la morale aux méchants. Il ne fait pas que les battre. Il veut les remettre dans le droit chemin. Il a un gros côté prêcheur.

Atomas est de retour dans son laboratoire. L'épisode d'aujourd'hui est terminé. C'était bon. Comme toujours. Place à l'*Agent secret*. Ça aussi, c'est bon. Mais pas autant qu'*Atomas*. Je sais que l'écureuil Sans Secret n'est qu'un comique. Un petit bonhomme. Avec Atomas, on dirait que je l'oublie. Est-ce parce qu'il est le plus petit des héros, que je me prends autant pour lui, moi que mon père appelle La Puce ? Sûrement. Et aussi parce qu'il a l'air si gentil. Et aidant. Comme je voudrais être plus souvent.

OK, j'ai fini ma thérapie. Vous devez vous demander ce qui arrive à votre chroniqueur pour qu'il vous ressasse ses souvenirs d'Atomas ? L'autre soir, j'étais avec mon ami Marc. On jasait de n'importe quoi. Deux gars, ça jase toujours de n'importe quoi. Les héros de notre enfance sont venus sur le tapis. Peut-être parce que Marc commence à regarder la télé avec son petit bébé. On en a nommé plein : Roquet Belles-Oreilles, Ultraman, Yogi, Thor. Avant de s'avouer notre préféré. On avait le même : Atomas. Ça faisait des décennies qu'on l'avait oublié. On s'est mis à délirer sur lui. Et son souvenir nous a rendus heureux. Un sourire a illuminé nos visages. Comme si on avait 5 ans. Je me suis dit que ça vous ferait peut-être du bien à vous aussi.

❧❦

Une dent contre le dentiste

Il faut que j'aille chez le dentiste. Ça fait trois mois qu'il faut que j'y aille. Mais je n'y vais pas. Je dis que je suis trop occupé. Mais la vérité, c'est que ça ne me tente pas. J'aime autant aller chez le dentiste que Lucien Bouchard aime aller à une conférence constitutionnelle, que la Sûreté du Québec aime aller à Kahnawake, que les Montréalais aiment aller à un match des Expos.

Mais là, je n'ai plus le choix. Ça fait mal. Ça élance. En bas, en arrière, à droite. Une dent de sagesse qui fait la folle. Ah ! Si j'avais été prévoyant ! Si j'avais eu plus de plomb dans la tête, je n'aurais pas besoin de m'en faire mettre dans la bouche !

Je me traîne de force à la clinique du docteur Arsenault. Déjà dans le corridor, l'odeur me lève le cœur. Ça sent le dentiste. Ça sent l'éther. Ça sent le Magnus Poirier. La secrétaire me regarde. Navrée. Elle sait que j'ai annulé mes 14 derniers rendez-vous. Elle sait que si je suis là, c'est parce que ça fait très mal. Elle sait que je suis une poule mouillée. La différence, c'est que les poules mouillées, elles, au moins, n'ont pas de dents. Tandis que moi, j'en ai. Pour l'instant !

Résigné, je m'assois sur une petite chaise droite. Devant moi, il y a une pile de revues. Dans *L'Actualité,* on peut lire un article expliquant que tous les problèmes de la ville de Montréal seront bientôt réglés grâce à la construction d'un nouvel aéroport à Mirabel. Dans le *TV Hebdo*, on peut voir une photo de René Homier-Roy avec des cheveux. Dans le *Lundi*, on peut admirer en couverture la découverte de l'année : Rose Ouellette ! Pourquoi y a-t-il juste des revues lisibles au Carbone 14 dans les salles d'attente de dentistes ? C'est sûrement songé. En nous plongeant dans le passé, on est moins surpris, quand on arrive sur la chaise du dentiste, d'être encore traité par une panoplie d'instruments ressemblant plus à un vieux coffre d'outils Black and Decker qu'à la nouvelle technologie au laser. La musique plate dans la salle d'attente, ça aussi c'est songé. Quand ça fait une demi-heure que t'écoutes du Alain Morrisod, tu trouves le bruit strident de la fraise quasiment beau !

« Aïe ! Aïe ! Aïe !»

Des petits gémissements provenant d'une patiente en extraction viennent perturber *Le Lac de Côme*. Soudain, on dirait que ma dent ne me fait plus si mal que ça. Je pense que je reviendrai une autre fois. Il y a tellement de monde dans la salle d'attente, je préfère me sacrifier et laisser ma place à quelqu'un de plus souffrant. On est chrétien ou on ne l'est pas. Je me lève. Trop tard. La porte de la salle des tortures s'ouvre. Une petite madame sort la joue enflée comme Dizzy Gillespie. Le dentiste dit :

« Monsieur Laporte, c'est à votre tour ! »

Il a beau être gentil comme mère Teresa et doux comme Guy Godin, pour moi, il est l'étrangleur de Boston ! Je prends place sur le La-Z-Boy de l'horreur. Le dentiste me demande d'ouvrir la bouche. J'essaie, mais je n'y arrive pas. Elle est verrouillée à double tour. Ma bouche sait ce qui l'attend.

« Ouvrez plus grand, M. Laporte. »

Je force fort. Et je parviens à l'entrouvrir d'un centimètre. Assez pour que mon bourreau glisse son écarteleur. Cric ! Cric ! Il me *jacke* la mâchoire. Me voilà rendu la bouche grande comme une bouche de métro. C'est alors qu'il me demande :

« C'est quelle dent au juste ? »

Je réponds :

« En "as", en "rière", à "oite". »

Non, je n'imite pas Roy Dupuis. J'essaie juste de parler avec deux paquets d'ouate et trois gros doigts dans la bouche.

« Laissez faire, M. Laporte, je l'ai trouvée. »

Là, il se met à la gratter avec son petit pic. À froid.

« Ça, est-ce que c'est sensible ? »

Je fais signe que non.

« Ça ?

— AYOYE !

— On va vous geler pour que ça ne vous fasse pas mal... »

C'est alors qu'il sort une seringue grosse comme un bazooka. L'aiguille est tellement longue, on dirait une piqûre pour inséminer un éléphant !

« Prenez une grande respiration. »

Il m'enfonce son engin dans la joue. Quand un médecin vous fait une piqûre, l'aiguille pénètre puis elle ressort.

Quand un dentiste vous fait une piqûre, l'aiguille pénètre, mais elle ne ressort pas. Elle reste là. On a le temps de regarder *Ben-Hur* deux fois. Elle est toujours là.

« Encore quelques secondes et vous allez être bien ! »

Il retire finalement l'épée. J'ai la babine enflée comme Mick Jagger. Et je suis aussi *stone* que lui. Puis l'assistante me badigeonne avec une espèce de formol qui goûte le diable. J'ai la bouche amère comme celle de Mario Tremblay à Denise Bombardier. C'est là que Rambo sort sa fraise. Le marteau-piqueur s'attaque à ma carie. Ma tête vibre de tous les côtés. Pendant que je me fais *driller*, l'assistante me succionne avec son tube aspirateur. Je ne suis plus un homme. Je suis le tunnel Hippolyte-Lafontaine en réparation ! Et ça prend autant de temps ! Finalement, après trois heures de forage intensif, le dentiste dit :

« Rincez-vous la bouche ! »

Là, c'est l'ultime humiliation ! Avec une lèvre inférieure pouvant participer au Festival des montgolfières, j'essaie de cracher dans le petit lavabo. Mais je n'y arrive pas. Le filet de bave reste accroché après mon menton. Il est long comme le Rio Grande. Et il me suit jusqu'au comptoir où je vais payer ma séance de sadomasochisme. Encore là, ça fait mal ! C'est vrai qu'il nous gèle avec du bon *stock*, mais le dentiste est sûrement le *pusher* le plus cher en ville ! La secrétaire demande :

« Est-ce qu'on vous prend un autre rendez-vous ?

— "as" "out" "uite" ! "e" "appelerai" ! »

En sortant de la clinique, je vais déjà mieux. Et j'ai un peu honte de moi. Après tout, ce n'était pas si pire que ça. Que voulez-vous, je suis douillet. Comme tous les gars. Heureusement, Dieu a bien fait les choses. Imaginez si les hommes devaient aller chez le gynécologue !

๛

Le dimanche 16 juillet 2006

Jouer en silence

Tous les midis de mai et de juin, dans la cour du Collège de Montréal, on joue au baseball. En fait, c'est plutôt à la balle-molle, mais ça fait plus *cool* de dire baseball. Les sections de chaque degré s'affrontent tour à tour. Aujourd'hui, c'est 5-B contre 5-C. 5-C, c'est ma classe.

Le match commence. Cyr, notre capitaine, est au bâton. Landry lance la balle. Prise ! Charland, le receveur, se met à parler à Cyr : « T'as besoin de lunettes, Cyr ! Qu'est-ce que t'attendais ? L'autobus ? Pour moi, Cyr, t'es en train de fondre. La comprends-tu ? Vas-tu frapper une chandelle, Cyr ? Hé, t'as un bouton dans le dos ! *Ouache*, y'est laid ! Veux-tu que je le pète ? *Tchèque* ton lacet, y'est détaché… » Cyr regarde son soulier. Prise ! Sacré Charland, son truc a fonctionné.

Aucune équipe n'aime jouer contre 5-B, à cause de lui. Charland est un moulin à paroles. Quand tu arrives au marbre, sa grande gueule se met en marche. Il n'arrête pas ! Des fois, il te fait rire. Des fois, il t'insulte. Des fois, il te bouleverse en te racontant que son frère est malade. Des fois, il te demande de l'aider dans son devoir de maths. Peu importe son propos, il te déconcentre toujours.

Notre *coach*, M. Fournier, nous dit de l'ignorer. Facile à dire. Moi, je fais tout le contraire. Je lui réponds. Excusez, c'est à mon tour.

« Ah ben, si c'est pas le p'tit Laporte !

— T'es grand comme moi, Charland !

— Pourquoi t'as les jambes croches ?

— C'est pour te donner un coup de pied dans le cul !

— T'as de l'avenir au baseball, j'te verrais ben faire le p'tit gars qui ramasse les bâtons...

— Moi, je te verrais ben faire Youppi, ça te fermerait la trappe ! »

Retiré ! Charland rit. C'est ça, le problème. Charland s'en fout, que je lui réponde. Que je participe à son concours d'insultes. Même que c'est ce qu'il veut. Pendant qu'on jase, Landry lance des prises. Je pensais faire mon *smatte* en retournant les courbes de Charland, c'est sur celles du lanceur que j'aurais dû me concentrer.

C'est Dumas qui est au bâton.

« *Fifi* ! *Fifi* ! Tu dois aimer ça, tenir un gros bâton, mon *fifi* ! » Dumas est un bon joueur. Charland met donc le paquet : « Tu dois avoir hâte d'aller prendre ta douche avec les gars, hein, *fifi* ? »

Dumas lance son bâton et saute sur Charland. Charland n'arrête pas...

« Je l'sais que chus beau, mais lâche-moi ! Retiens-toi, maudit *fif* ! »

L'Écuyer, l'arbitre, les sépare. Dumas reprend son bâton. Les yeux mouillés, il frappe un ballon au champ centre. La demi-manche est terminée. Aucun coup sûr pour notre équipe. La 5-B va encore gagner.

Quand on ne peut vaincre, on se rallie. Toutes les équipes du Collège ont décidé d'adopter la méthode Charland. Même les gênés, les timides, tout le monde abreuve d'insultes son adversaire. Parenthèse, on ne dit pas vraiment qu'on s'abreuve d'insultes, on dit plutôt qu'on se bave. Les receveurs bavent les frappeurs. Les joueurs de premiers buts bavent les coureurs. Même les gars qui jouent à la vache essaient de baver quelqu'un, mais il n'y a personne autour d'eux. Ce n'est plus du baseball, c'est du « baveball ».

Et plus ça va, plus ça devient personnel. Le père de l'un est même pas capable de lui payer ses études. La mère de l'autre a couché avec le prof de géo. Le niveau ne cesse de baisser. Une fois, c'est allé vraiment trop loin. Dumas n'a pas lancé son bâton. Il s'en est servi pour taper sur Charland. Six points de suture.

Les prêtres ont pris les choses en main. N'ayez pas de mauvaises pensées, les sulpiciens étaient corrects ! Donc, ils ont passé un nouveau règlement : interdiction de parler. Plus un mot. Nous devions jouer en silence. Nous la fermer. Comme à la bibliothèque. Même pas le droit de crier quand on frappe un circuit. Même pas le droit de chialer quand tu reçois la balle sur le pied.

Au début, ça n'allait pas si mal. Même que c'était drôle. Mais après un mois, c'était carrément plate. Garder la joie en dedans, ça finit par l'étouffer. Plus personne n'avait le goût de jouer. La balle-molle était devenue une épreuve semblable au cours d'anglais. Le message avait passé.

Pour le match de la finale, les prêtres ont levé l'interdiction. Dumas était le premier frappeur. Il s'est présenté dans la cage. Il a regardé Charland. Charland lui dit : « *Let's go*, Dumas ! » Ses premiers mots en un mois. Dumas lui a répondu : « *Let's go*, Charland ! » Ce fut un maudit bon match.

Dommage que Materazzi et Zidane ne soient pas allés au Collège de Montréal.

Ma mère et les poissons

Petit matin de semaine. Les deux yeux dans le même trou, je déjeune avec la famille. Ma sœur mange ses rôties avec du Nutella, mon frère mange son gruau, mon père boit son café, je dévore mes Alpha-Bits. Et ma mère grignote ici et là, tout en s'affairant pour que tout le monde ait ce qu'il veut. Soudain, elle dit à mon frère : « Bertrand, irais-tu chercher le marteau ? » Mon frère se lève et descend au sous-sol. Mon père est intrigué : « Pourquoi tu veux le marteau ? » Ma mère ne répond pas. La scène est bizarre. Suis-je encore en train de rêver ? Mon frère remonte du sous-sol avec l'objet : « Tiens, m'man ! » Ma mère s'esclaffe : « Poisson-marteau ! Poisson d'avril ! » Mon frère est plié en deux. Mon père lève les yeux au ciel. Ma sœur ne comprend pas. Et moi, je ris de voir rire ma mère et mon frère.

Bertrand retourne porter le marteau dans la boîte à outils. Je vais chercher mon sac d'école. Ma mère m'attend dans le vestibule pour enfiler mon manteau. Je suis en première année. Ma maman va me reconduire chez madame Brien tous les matins, main dans la main.

Je marche avec elle le long de la rue Prud'homme, éberlué. Ma mère a fait un gag ! Ma mère a fait un coup à mon frère. Je n'en reviens pas ! Chez nous, on n'est pas des joueurs de tours. Mon père est sérieux comme le pape Paul VI. Ma sœur est une danseuse de ballet dramatique. Mon frère est le bon gars serviable. Et ma mère... Eh bien, ma mère, jusqu'à ce matin, était une personne joyeuse qui aime bien s'amuser, mais de là à demander un marteau à mon frère pour rien ! Dans ma tête de 5 ans, c'est tellement absurde. Tellement fou. Ma mère m'explique que c'est une tradition. Que le 1er avril, tout le monde joue des tours à tout le monde. C'est presque obligatoire. J'ai passé la journée à demander des marteaux à tous mes copains. Ils ne comprenaient pas, mais moi je riais pendant qu'on m'accrochait des poissons dans le dos.

Un an plus tard, on est encore dans la cuisine en train de déjeuner. Ma mère demande à mon frère d'aller lui chercher une scie. Sur le coup, il s'exécute. Puis il freine son élan. Une scie ? Bertrand allume : « Tu ne m'auras pas cette année, maman ! » Moi aussi, j'ai compris. Je mets au défi ma mère : « Pourquoi t'essaies pas avec papa ? » Il sort justement de la salle de bains avec quelques bouts de papier-mouchoir sur le visage. La lame était coupante. Maman l'interpelle : « Irais-tu me chercher la scie ? » Mon père reste stoïque. Il se retourne vers le grand frère : « Bertrand, va chercher la scie pour ta mère ! » On rit. Poisson-scie ! Poisson d'avril ! Mon père n'a pas bougé d'une fesse, mais juste le fait qu'il ait sérieusement demandé à Bertrand d'aller chercher la scie nous amuse. Ça ne nous prenait pas grand-chose. On était loin du *jackass*.

Une autre année plus tard. Je ne suis pas encore debout. Ma mère entre dans ma chambre : « Stéphane, réveille-toi, viens voir dans la fenêtre du salon, le sergent-major parade. » Le sergent-major parade ? C'est quoi, ça ? Je me lève. J'arrive dans le salon. Je regarde dehors. Il n'y a rien. Que l'autobus qui passe. Et ma mère, morte de rire, me dit : « Poisson sergent-major ! Poisson d'avril ! » Poisson sergent-major ? Je ne savais même pas qu'il existait. Je ris. Pour faire plaisir à maman. Et je retourne me coucher. Il me restait encore cinq minutes.

Tous les autres 1er avril de mon enfance, ma mère n'a plus jamais réussi à m'attraper. Ni mon frère. Il faut dire que son répertoire était assez limité. Une année, le marteau, l'année suivante, la scie, puis le sergent-major. Toujours ces trois tours. En alternance. Heureusement pour ma mère, ma sœur vivait sur une autre planète, celle du ballet classique. Elle mordait à tout coup.

D'ailleurs, je ne serais pas étonné qu'hier encore – ma sœur vit au-dessus de chez elle – ma mère soit allée lui emprunter un marteau. À moins que ce soit l'année de la scie.

Le 1er avril est toujours resté pour moi une journée étrange. La journée où on se joue des tours ? La journée où on se prend par surprise ? Il me semble que le propre d'une surprise, c'est de ne pas l'annoncer d'avance. Aujourd'hui, c'est le 1er avril, on se joue des tours ! Essayez le 3 novembre, vous risquez d'avoir plus de succès.

La seule personne que je connaisse qui était fascinée par le poisson d'avril, c'était ma mère. Elle allait même jusqu'à téléphoner à sa sœur pour qu'elle vienne lui porter un marteau. Ma mère était une Marcel Béliveau avant le temps. Cette journée-là, elle redevenait une petite fille au couvent. Et l'enfant que j'étais réalisait que sa mère était comme lui, au fond. Un enfant maman. Et je l'aimais encore plus.

L'année prochaine, petite maman, appelle-moi pour que je vienne te porter notre chat. Et quand j'arriverai chez toi avec Binette, tu me diras : « Poisson-chat ! Poisson d'avril ! » Ça fera une blague de plus à ta collection. Un cadeau de ton fils devenu farceur, peut-être à cause de tes 1er avril.

Je te promets d'être surpris.

Avoir froid

ardi soir, le 21 janvier. Ou plutôt le -21 janvier.
Je sors du bureau. Oh ! *boy* ! Y fait pas chaud ! C'est
pas l'effet de serre, c'est l'effet de serre les fesses ! Brrrr !
J'embarque dans la voiture. Je mets la chaufferette au fond.
Ouf ! J'ai été neuf secondes dehors. Neuf secondes pires
que l'enfer. Au moins, en enfer, il fait chaud ! Je pense à
Nathalie. Nathalie est une bonne amie. C'est aussi une
folle. Pendant que tout le Québec se plaint du froid, elle
est en train de faire le Raid Ukatak. Vous connaissez ?
Probablement pas. Les athlètes du Raid Ukatak ont donné
leur conférence de presse le jour du congédiement de
Michel Therrien et de l'annonce de la retraite de Sébastien
Lareau. Ils n'étaient pas en première page du journal !

Le Raid International Ukatak est la seule course
d'aventure se déroulant dans des conditions hivernales.
Les participants doivent parcourir 400 km : 100 km en vélo
de montage, 100 km en ski de fond, 80 km en raquettes,
un petit bout en paraskis et un autre en vélo sur ski.
Le reste à pied. Ils partent de Pointe-au-Pic, sillonnent

Charlevoix et le fjord du Saguenay pour finalement atteindre le mont Grands Fonds. Environ 100 heures plus tard. Cent heures à se les geler !

Pendant que je suis toujours en train de réchauffer mon auto, je me demande où est rendue Nathalie. C'est ce que Nathalie se demande aussi. Elle et ses trois coéquipiers, Éric, Daniel et Jean-Robert, marchent dans un sentier qui longe une ligne de transport d'Hydro-Québec. Il fait -35 degrés Celcius. Les vents soufflent à 125 km/h. Avec le facteur vent, il fait -50. Avec le facteur écœurement, il fait -100. Ça fait trois jours qu'ils sont partis. Trois jours qu'ils sont dehors. Trois jours et deux nuits.

Au début, c'était le *fun*. Dur, mais le *fun*. Le départ à Pointe-au-Pic entouré des proches. La centaine de kilomètres en vélo. Les trois heures de repos dans la petite tente. Puis la plus belle portion de l'expédition, en ski de fond. Nathalie adore le ski de fond. Elle rit, tout le long, avec ses amis. C'est presque une balade. L'équipe polonaise les dépasse. Pas grave, elle est là pour le défi personnel. Pas pour battre qui que ce soit. C'est quand Nathalie a enlevé ses skis pour traverser la forêt que son plaisir a fondu. C'est bien la seule chose qui fond.

La forêt, c'est pas évident. Ses skis, qu'elle porte dans son dos, s'accrochent dans les branches des arbres. Ses pieds *s'enfargent* sur les souches et les roches. Elle n'est pas sortie du bois. Elle gueule un peu. Ses coéquipiers rigolent. Dans ce genre de compétition extrême, on n'a pas le droit de gueuler. À moins d'être la fille du groupe !

Après la forêt, ce sont les gorges. Une descente à environ 45 degrés dans un sentier vierge. Nathalie en arrache. Elle y arrive à reculons. Au propre. Pas au figuré. Elle retient sa chute en s'accrochant aux racines avec les mains, avec les pieds, même avec les dents. Arrivés au poste de contrôle, ils apprennent que la course est arrêtée. Une équipe est portée disparue. Leurs corps se reposent. Mais leurs cœurs restent noués. Heureusement, les concurrents sont retrouvés. L'aventure se poursuit...

Et les voilà, dans le sentier qui longe les lignes à haute tension d'Hydro. Le vent veut leur peau. Les rafales du Saguenay sont pires que celle de Paul Arcand. Quand une bourrasque se lève, elle les fait basculer vers l'avant, leurs sacs à dos les déstabilisant, ils deviennent des toupies qui tournoient dans tous les sens. Puis ils s'écrasent dans la neige. Une fois, deux fois, trois fois, 10 fois... Et la fois de trop. Ils n'en peuvent plus. Ils sont mouillés. Gelés. Épuisés. Ils lèvent le pied. Avant de le perdre. Nathalie ne peut plus bouger ses orteils. C'est assez. Ou plutôt, c'est trop. Le Raid Ukatak finit ici. Au beau milieu de nulle part. Nathalie appelle les contrôleurs. Venez nous chercher ! Vite !

Vite, faut pas charrier. Ils ne sont pas faciles à retracer. Ils vont devoir attendre toute la nuit au froid, avant d'être évacués en motoneige mercredi matin. Nathalie arrive finalement chez elle, en fin de journée. Les tuyaux de sa maison ont gelé. Beau retour à la réalité ! Heureusement, son *chum* est là pour tout réparer. Et la prendre dans ses bras. Ginette Reno avait raison, un homme, ça tient chaud ! Ce soir, Nathalie apprécie tout. Son bain moussant, ses couvertures, sa robe de chambre. Ce soir, la vie normale est un conte de fées.

Moi qui ai froid juste à regarder Colette dire le bulletin de météo dehors, je ne parviens toujours pas à comprendre Nathalie. Pourquoi faire des affaires de fous comme ça ? Pourquoi partir en guerre contre l'hiver ? Une petite heure de ski de fond, peinard, me semble que c'est *cool*.

Pas besoin de skier pendant une semaine *non-stop*. Pas besoin de s'user jusqu'à la limite. Pas besoin de se geler les entrailles.

Elle m'a envoyé un courriel cette semaine. Elle me raconte toutes les péripéties de son odyssée glacée. Et c'est en lisant sa conclusion, que j'ai compris pourquoi. Pourquoi Nat a fait ça...

« Quand je suis arrivée au boulot, lundi, tous mes collègues de travail m'ont félicitée. Je me sentais un peu gênée. Comme tu sais, je travaille à l'Institut de réadaptation, en recherche. Ici, il y a plein de handicapés pour qui la vie est un Raid Ukatak, tous les jours. Et toutes les nuits. Mais ils n'ont pas choisi d'y participer. Ils avancent quand même, étape par étape, avec brio. Pour des enjeux beaucoup plus importants. »

Faut croire que je n'ai pas assez de misère dans ma belle vie feutrée, fallait que je me pousse à bout. Fallait que je sois, moi aussi, en difficulté. Parce que c'est ainsi que l'on apprend. Parce que c'est ainsi que l'on grandit.

Pour être bien en soi, il faut avoir eu froid.

Dixit le maire Gérald Tremblay, l'achat de l'île Notre-Dame par le gouvernement du Québec va nous permettre de baiser. Après l'industrie du jeu, Québec va-t-il se lancer dans l'industrie du bordel ?

Proposition de nouvelle formule de partie des étoiles pour la LNH : les millionnaires versus les multimillionnaires.

En passant, c'est Stéphane, un sympathique médecin qui n'avait jamais regardé une partie de football de sa vie, qui a gagné mon *pool* du Super Bowl.

ॐ

Revenir le samedi

Les vacances au lac Paquin sont terminées. On retourne à Notre-Dame-de-Grâce. Toute la famille est en train de faire les valises. Toute la famille, sauf moi. J'ai 7 ans. Et je ne veux pas m'en aller. On est samedi. Il fait beau. Pourquoi quitter la campagne un samedi de beau temps ? Parce que c'est comme ça, dit maman. On est arrivés un samedi, on s'en retourne un samedi.

Mais le samedi, ce n'est pas fait pour partir. C'est fait pour arriver. Le dimanche soir, ça, c'est fait pour revenir. Pourquoi on ne part pas demain soir ? J'ai beau expliquer ma théorie à ma mère, mon père, mon frère et ma sœur, personne ne m'écoute. Pourtant, c'est évident. Le samedi, c'est la journée des vacances. De l'aventure. Du plaisir. Pas du rangement. De la raison. De la fin.

Et en plus, il faut partir à midi. Midi ! L'heure où le soleil est à son plus haut. Pourquoi quitter un ciel tout bleu ? Un lac tout beau ? Un gazon tout vert ? On ne peut pas attendre qu'il fasse noir ? Au moins gris ? Non, parce qu'on est arrivés à midi, alors on repart à midi. Les adultes sont trop carrés. Les adultes ne savent pas vivre. Rentrer en ville un beau samedi du mois d'août, c'est inhumain.

« Stéphane, va mettre ton gant et ta balle dans ton sac ! »

Je ne veux pas. Je ne veux pas les mettre dans mon sac. Je veux me lancer avec Bertrand une dernière fois. S'il vous plaît, maman, une dernière fois ! Pas question ! Il est midi moins quart. On n'a pas le temps. J'essaie de soudoyer mon frère en cachette. Il me dit non. Il aide papa à mettre les grosses valises dans la voiture. Il fait son homme. Il aime ça.

Je demande à ma sœur. Elle ne peut pas non plus. Elle ne trouve plus ses barrettes. Elle les cherche partout. Elle vit un drame. Alors elle n'ira pas jouer à la balle.

Déjà que ce n'est pas son fort. Le baseball, c'est très abstrait pour une danseuse de ballet.

Si c'est comme ça, je vais aller jouer tout seul une dernière fois. Ils sont tellement occupés à tout ramasser, ils ne s'en rendront même pas compte. Je m'en vais en arrière du chalet, lancer la balle contre le mur. Durant toute la semaine, je n'avais pas le droit d'aller là sans surveillance. Car derrière le chalet, il y a un grand ravin. Et non seulement ma balle risque d'y tomber, mais moi aussi, je risque de débouler si je recule trop en lui tournant le dos. C'est pas grave, je vais faire attention. Après tout, je suis grand. J'ai 7 ans.

Je suis Bob Gibson, le lanceur des Cards de St. Louis. Willie Stargell est au bâton. Je lance la balle. Prise ! Le mur, ou plutôt Tim McCarver, me retourne la balle. Maintenant, j'envoie une courbe. Deux prises ! Ça va bien.

« Stéphane ! Stéphane ! »

J'entends ma mère m'appeler. Il doit être midi. Tant pis. Je vais profiter des vacances jusqu'à la dernière seconde. S'ils veulent me ramener en ville, ils devront me déraciner comme un arbre.

Et puis Willie Stargell est au bâton. Il faut que je le retire. Cette fois, j'envoie ma super rapide. Elle frappe le mur. Et rebondit par-dessus ma tête. Je cours après la balle. Mon frère sort sur le balcon du deuxième : « Maman, j'ai trouvé Stéphane, il est en arrière ! »

Je continue ma poursuite.

La balle va vite. Stargell l'a frappée fort. Mais je suis rapide. Trop. J'arrive au bord du ravin. Il faut que j'arrête. Mais mes souliers de course n'ont pas de frein. Je bascule et je commence la descente du ravin en roulant sur moi-même, comme dans les films comiques. Sauf que là, c'est pas drôle, même que ça fait mal. Je frappe les branches, les petites roches. Et ça tourne. Et j'ai peur. Il y a une grosse roche devant moi. C'est sûr, je vais me fracasser dessus. Je ferme les yeux. Miracle ! Une main vient de m'attraper par le collet. C'est mon frère. Il a sauté en bas de la galerie comme Batman et est venu me sauver. Sans lui, mes vacances se finissaient à l'hôpital. Ou plus haut. Merci, Bert ! Tu es mon héros.

Je remonte le ravin en tenant la main de Bertrand. J'ai les genoux en sang et plein d'éraflures au visage. Ça m'apprendra à vouloir étirer le temps. Ma mère me prend dans ses bras. Elle est blanche comme un drap.

« Stéphane, on t'avait dit de ne pas aller jouer là tout seul...

— Je ne voulais pas m'en aller... »

J'ai le cœur qui bat très vite. J'ai eu peur. Ma mère sort la bouteille de cognac et me donne une toute petite gorgée pour me remettre d'aplomb. Wow! C'est la preuve que j'ai vraiment fait toute une chute. Une vraie chute de cascadeur. D'habitude, après une grosse fouille, j'ai droit à du *ginger ale*!

Treize heures. Les jambes couvertes de pansements, je monte dans la voiture sans rouspéter. Même que je suis content. J'ai vraiment l'impression d'être allé jusqu'au bout de ces vacances. Ou plutôt jusqu'au fond. Je viens de comprendre que toute bonne chose a une fin. Et que le samedi, après tout, c'est une belle journée pour rentrer chez nous.

L'année suivante, le jour du départ, je serai le premier assis dans la voiture. En ayant hâte de jouer à la balle... dans la ruelle de la rue Girouard.

Perdre son chat

Le 12 juin dernier, petite soirée devant la télé. Puis on monte se coucher. Je demande à ma blonde : « As-tu vu Binette ? » Elle me répond : « Non, je ne sais pas où elle est ». Ah bon... Elle a dû se faufiler dehors. Elle avait l'habitude, avant sa portée, de se balader aux alentours. Depuis, on la garde en dedans. Mais une porte a dû rester ouverte un peu trop longtemps, et notre chatte en a profité pour revivre sa jeunesse. Bécaud, son rejeton, est bien installé au pied de notre lit. Il dort sur ses deux oreilles de chat. Maman peut bien gambader, il est assez grand, il n'a plus besoin de téter.

Le lendemain matin, on ramasse les journaux sur le perron. Binette ! Binette ! Binette ! Pas là. Les chats du voisinage ont dû lui faire un *shower*. Un *party* de retrouvailles. Elle finira bien par revenir. Elle revient toujours.

Une nuit, deux nuits, trois nuits passent. On commence à s'inquiéter. Sérieusement. On ratisse le quartier. On fouille partout. Je mets sa photo sur mon blogue. C'est à peine si on n'appelle pas Claire Lamarche. Faut la trouver : on part en vacances à la fin du mois. La fin du mois est arrivé. Mais pas notre chatte. Ma tante Marie-Laure prend le relais et monte la garde. On va porter Bécaud chez ma mère. Puis on part pour la Provence.

Et nous voilà de retour. Dans nos rêves les plus fous, nous nous voyions sortir les bagages de l'auto et voir Binette assise devant la porte, les moustaches hirsutes, l'air de dire : « Où étiez-vous passés ? » Mais il n'y a pas de Binette devant le portillon. Juste des circulaires. Et nous entrons, heureux de retrouver la maison. Même s'il y manque une petite joie à quatre pattes. Le lendemain, on rapatrie Bécaud. Comme il est gros ! Il a triplé. Ce n'est plus un petit morpion. C'est presque un matou. Il est même rendu fin. Ce n'est plus le cyclone des premiers mois. Il nous colle et nous suit partout. Comme Binette. Mais ce n'est pas Binette. C'est Bécaud. Binette est perdue. Il faut se rendre à l'évidence. Même si, au fond, on espère toujours qu'elle va réapparaître. Comme Jinny. Un coup de couette, et la voilà ! Mais les chances sont minces. Elle n'avait pas de collier. Elle se l'était enlevé la veille. Ça devait la piquer. Quelqu'un a dû la trouver et l'emmener chez lui. Elle est si belle ! La plus belle chatte au monde. À moins qu'une auto, le soir, l'ait heurtée. On ne sait pas. On ne saura jamais. Après tout, c'est juste un chat. Faut en revenir.

Le sort de Binette à côté de celui du Liban, c'est très, très, très futile. Il y a tellement de vrais malheurs sur cette planète, je me sens un peu con de perdre votre temps à vous raconter le mien, qui est si petit. Si tout petit. Comme Binette. Mais il est là. Mais il existe. Alors, ce serait mentir de le passer sous silence. Perdre son chat, c'est un chagrin bizarre. C'est pas perdre un ami. Ce n'est rien de ça. Mais ce n'est pas comme perdre un bijou, un bibelot, un objet précieux. C'est plus que ça. On perd un attachement. Mais on perd surtout une présence rassurante. C'est comme perdre un silence. Binette ne nous a jamais rien dit, c'est certain. Les trois quarts du temps, elle dormait. Mais elle était là où nous étions. Et, parfois, elle venait vers nous et se laissait prendre. Et ça, aucun bijou ne le fait. Et ça, les amis ne le font pas assez. Alors on la collait. Elle ronronnait. On était au chaud. On était bien. C'est ce qu'on a perdu. Une douceur. Ce n'est rien de dramatique.

Il y en aura plein d'autres. Il y a Bécaud. Il y aura peut-être un chien. Une de perdue, 10 de retrouvées. Personne n'est irremplaçable. Encore moins un *ti-minou*. Perdre un chat, ce n'est vraiment pas grand-chose. Mais c'est juste assez pour nous faire vieillir un peu. Car qu'on le veuille ou non, il y aura quand Binette était là et quand Binette n'était plus là. Un an, c'est assez pour qu'elle ait eu le temps de mettre son poil dans plein de souvenirs. Sa mine dans l'animalerie d'Edmundston, la petite boule qui dormait sur mon clavier d'ordinateur, ses sommes du petit matin sur mon thorax, elle et ses quatre chatons au fond d'un panier. Si elle n'était pas partie, ces souvenirs seraient toujours du présent. Son absence les transforme en passé. Voilà, je vous ai assez tannés avec mon chat. Il y a des choses pas mal plus importantes à dire. Mais si jamais, dans les rues d'Outremont, vous avez trouvé une chatte qui ressemble à la photo sur cette page, envoyez-moi un courriel, ce serait bien apprécié. Parce que si sa perte est un tout petit malheur, la retrouver serait un grand bonheur. Qu'on ne serait pas gênés de montrer. Allez, Bécaud, viens te faire coller...

ം◦ഏ

Le dimanche 18 juin 2006

Histoires de pères

Mon ami Stéphane se lève tous les jours à 3 h du matin. Il réalise l'émission de René Homier-Roy à la radio de Radio-Canada. Douze heures plus tard, sa journée de travail terminée, il ramasse sa fille Marie à l'école. Il entre chez lui. Aide Marie à faire ses devoirs, ses leçons. Prépare le souper. La toute petite famille mange en écoutant de la musique. Il joue un peu avec sa fille. La fait rire. La fait rêver. Puis va la reconduire chez sa mère, juste à côté, pour le dodo. Le vendredi, Marie couche chez lui et reste jusqu'au dimanche après-midi. C'est sa vie. Sa belle vie. Je lui dis souvent : « Steph, toi qui es le meilleur gars au monde, comment ça se fait que t'as pas de blonde ? » Il me répond : « Pas le temps ! » Et il ne s'en plaint pas. Marie lui donne plein d'amour. Du vrai amour. Il est heureux. En papa avant tout. Marie, c'est sa joie.

L'autre samedi, André-Philippe était en spectacle à L'Assomption. Le dimanche, il a pris l'avion pour Las Vegas. Le lundi, il est allé voir la pièce de théâtre de sa fille Camille. Elle jouait *La Comédie des erreurs* de Shakespeare dans la grande salle du *high school*. Pas toute la pièce. Juste un petit bout de 20 minutes. Le lendemain, André-Philippe a pris l'avion pour Montréal. Et mercredi, il était en spectacle à Terrebonne. Deux journées dans les aéroports pour aller applaudir sa plus vieille quelques instants. Rien ne lui aurait fait manquer ça.

Durant sa tournée québécoise, chaque fois qu'André-Philippe a plus de deux jours de relâche d'affilée, il se tape le continent pour aller rejoindre sa famille dans le désert du Nevada. C'est un besoin. Sinon, il n'est pas heureux. Il n'est pas bien. Chaque soir, après les spectacles, quand il rentre dans son pied-à-terre à Montréal, il n'est que 8 h à Vegas. Alors, il aide Jules dans ses travaux. Quand Jules a des dessins à faire, André les fait avant pour lui montrer comment et il les lui faxe. Vous devriez voir mon vieux partenaire s'appliquer à dessiner un joueur de baseball. On dirait que c'est plus important qu'un soir de première. C'est beaucoup plus important qu'un soir de première. Ça ne se compare même pas.

Mon *chum* Ronald est en instance de divorce. Ce n'est pas une période facile. Ses deux adolescentes se promènent entre sa maison et celle de son ex. Des fois, c'est mollo. Des fois, c'est *rock'n'roll*. Ils courent de tous les côtés. Le travail à l'hôpital, aller reconduire Claudia chez son amie, aller chercher Justine au cinéma. Il court tellement qu'on n'a plus le temps de se voir. Alors on se parle au téléphone. Et il me parle toujours de ses filles. Si durant la semaine Claudia et Justine lui ont dit qu'elles l'aimaient, qu'il était le meilleur papa au monde, il va me le répéter 20 fois. Après avoir raccroché, il va même me rappeler, pensant avoir oublié de me le dire. Rien ne le rend plus fier. Plus heureux. Rien ne donne plus de sens à sa vie de fou. À sa vie qui passe trop vite

Éric n'a pas d'enfant. Souvent, lors de nos soupers de gars, je lui disais à quel point j'avais hâte d'en avoir. À quel point ça me manquait. Que c'était sûrement le plus grand bonheur. Le plus vrai. Il ne me comprenait pas. Ça ne lui manquait vraiment pas. Il était pleinement satisfait avec sa carrière et ses amours. Puis on changeait de sujet, et on parlait de l'absence chronique d'un gros marqueur chez le Canadien. Puis Éric a rencontré Marie-Josée. Une fille comme il n'en avait jamais rencontré. Une fille avec des belles valeurs, comme on dit au Saguenay. Puis Éric a perdu son père. Puis Éric n'a plus vu la vie de la même façon. Il s'est marié avec sa belle Marie-Josée. Et aujourd'hui, Éric est enceinte. Sa conjointe accouchera en septembre. Et le futur père ne se peut plus. Il a hâte. Il ne me l'a pas dit encore, mais je suis sûr qu'un soir d'octobre, quand on regardera un match du Canadien ensemble, il me dira que j'avais raison. Qu'il n'y a rien comme être papa.

Tout ça pour vous dire qu'il y a plein de bons pères sur cette terre. Et puisque aujourd'hui c'est leur fête, disons-leur que nous les aimons. Fort. J'entends le téléphone sonner. Ça doit être Ronald qui veut me lire ce que ses filles lui ont écrit dans sa carte.

Bonne fête à tous les papas !

En espérant recevoir moi aussi, un jour, une cravate ou des chaussettes par un beau dimanche de juin.

❧

Mes premiers pas

Dimanche dernier, j'étais au gala de l'après-midi des prix Gémeaux, assis dans le fond de la salle avec ma blonde. Sur la scène, Simon Durivage ouvre l'enveloppe : « Le Gémeaux pour le meilleur spécial humoristique est remis à... *Bye Bye 95*, Stéphane Laporte ! » Dans ma tête, c'est le feu de foyer de TQS, une chanson de Kathleen, une plaidoirie de Guy Bertrand, bref le vide total. Je réalise que je dois me lever et aller le chercher. Et ce qu'il y a de plus difficile pour moi, ce n'est pas d'écrire le *Bye Bye*, ni de lire les critiques le lendemain, c'est de marcher en étant conscient que tout le monde me regarde. Parce que je marche croche. C'est de naissance. Et plus je me sens regardé, plus je marche croche. Et plus je marche croche, plus je me sens regardé. C'est comme la saucisse. Un complexe, ce n'est pas simple. Ça vient de loin.

Enfant, j'étais espiègle et je courais partout, un petit kangourou avec des *springs* défectueux. Je courais tout croche, mais ça ne me faisait rien. C'est dans les yeux de ceux qui nous regardent qu'on se voit. Et comme je jouais avec mon grand frère qui m'aimait très fort, ce que je voyais de moi, dans ses yeux, était très beau. Puis à 8 ans, je suis allé jouer au hockey intérieur dans une ligue organisée. Et durant la période de réchauffement, un joueur de l'autre équipe s'amusait à me faire tomber. C'était pas très compliqué, j'étais aussi facile à faire chuter que le dollar canadien. J'avais le cœur de Mario Tremblay, la précision de Steve Shutt mais autant d'équilibre qu'Olivier Guimond en gars chaud. Il a bien dû me faire tomber une dizaine de fois, en éclatant de rire. C'est son bâton qui m'*enfargeait* mais c'est son regard qui me faisait mal. Dans ses yeux, je voyais qu'il ne comprenait pas pourquoi je marchais comme ça, et ça lui faisait peur. Alors, il me jetait à terre.

Quand je suis rentré à pied après la partie, j'ai senti que tous les gens dans la rue me regardaient comme lui. C'était peut-être pas vrai, mais c'est ce que j'ai senti. À partir de ce jour-là, c'est devenu un peu plus difficile pour moi de faire les premiers pas. Faut toujours que je voie une lumière dans les yeux de quelqu'un, comme une auto qui attend la lumière verte. C'est si fort un regard, que lorsqu'on le pose sur quelqu'un, il faut le faire en douceur, pour ne pas l'écraser.

Quand je suis avec ma blonde ou avec André-Philippe, j'ai l'impression de marcher avec l'aisance de Claudia Schiffer. Mais mettez-moi devant deux étrangers, et Claudia Schiffer devient l'Homme de fer. J'avance carré. Laporte se barre ! C'est pas de leur faute, c'est de la mienne. Faut juste que j'en revienne, que je leur laisse le temps de me connaître, que j'apprenne à avancer même si c'est jaune. Même si dans leur regard, y'a comme un doute. Mais c'est mon réflexe ou ma défense ; je fige. Alors imaginez, là, il faut que je marche devant les caméras de

RDI, le réseau des catastrophes. Des plans pour que je tombe !

Simon Durivage attend toujours que quelqu'un vienne chercher le prix avec un x, parce que le pris avec un s (c'est moi) ne bouge pas ! Pris dans le sens de *poigné*. Je vois l'escalier sans rampe qui mène à la scène et je sais que ça ne sera pas évident de le monter tout seul. Ma blonde me tend son bras. Dans ses yeux, il y a plein de lumières. Je me lève. Mais le temps d'arriver devant la scène, Marie Perreault, la directrice des variétés de Radio-Canada, est déjà au podium : « J'accepte ce trophée au nom de Stéphane Laporte... »

Je reste en retrait. C'est alors que des gens me reconnaissent et crient : « Y'est là ! Y'est là ! ». Marie se retourne vers moi, elle me sourit et m'invite à venir la rejoindre. Le monde applaudit. Ça aide. En serrant très fort la main de ma blonde, je monte l'escalier et je traverse la scène comme Donovan Bailey doublant un Américain. C'est peut-être pas vrai, mais c'est ce que je sens. À la télé, ça devait être autre chose ! J'embrasse Marie, je remercie toute l'équipe du *Bye Bye*, et je termine en disant : « Dans la vie pour avancer, on a besoin des autres ». C'est peu, mais sinon ç'aurait été trop long. Sortie côté jardin.

J'aurais jamais réussi à me rendre sur la scène sans ma Denise. Physiquement oui, mais la peur aurait bloqué mes jambes. La peur de ne pas plaire. C'est sur son amour que je me suis appuyé, beaucoup plus que sur son bras. Et ça a marché ! Le sourire de Marie, les applaudissements des gens, tous ces regards étaient doux. Personne n'est venu me faire tomber. Merci. Je suis sûrement le seul récipiendaire de Gémeaux, dont le plus grand bonheur n'est pas de l'avoir gagné, mais d'avoir été capable d'aller le chercher ! Un petit pas pour l'homme, un pas de géant pour moi.

Et pour continuer sur cet élan, tous les dimanches, grâce à cette chronique, si vous le permettez, j'irai vers vous.

Une pizza chez Céline

Dimanche soir. Le taxi roule vers Jupiter. Pascale, ma charmante assistante, et moi-même, allons souper chez Céline et René. Et je suis un peu énervé. Ce n'est pas d'être invité chez la plus grande chanteuse et le plus grand imprésario de la planète qui me stresse. Non, c'est d'être invité à manger. Parce que voyez-vous, j'ai des goûts assez particuliers. Et je n'ai pas osé leur dire. Je ne suis pas végétarien. Je suis « à rien ». Je mange très peu de choses. Ça se compte sur les doigts des deux mains. Du steak, des frites, de la pizza, de la fondue suisse, de la fondue bourguignonne et deux ou trois autres plats. C'est tout. Pourquoi ? Je ne sais pas. Je suis comme ça. Ma mère est une très bonne cuisinière. Ma sœur et mon frère mangent de tout. Pas moi. Ce n'est pas un caprice. J'aimerais bien mieux avoir le bel appétit de Daniel Pinard. Mais je n'en suis pas capable. Mon cerveau est atteint du bogue alimentaire. Tant pis. Ça ne me dérange pas vraiment. À part quand je vais souper chez des gens qui ne sont pas au courant. Comme ce soir...

La grande grille en fer forgé s'ouvre. Le taxi nous dépose devant la superbe villa. René vient nous accueillir. On rencontre la belle Céline, Patrick, le fils de René, et sa copine Claudia, Linda, la sœur de Céline et son mari Alain, ainsi qu'Éric, leur fils, et sa blonde. Des gens attachants. Des gens merveilleux. Puis tout le monde passe à la table. René, les yeux tout pétillants, me murmure de sa voix de parrain :

« C'est Alain qui fait la cuisine. Tu vas voir, Stéphane, c'est un grand chef. Il nous a préparé tout un repas ! »

Je souris. J'espère que c'est du steak. Alain arrive avec le potage. Je ne mange pas de potage. Que faire ? Je le prends et je joue un peu dedans sans vraiment y goûter ? J'essaie de le refiler à Pascale sans que personne ne s'en aperçoive ? Ou je dis, simplement, que je passe mon tour ? J'opte pour la dernière solution.

« Excuse-moi Alain, mais je ne mange pas de potage. »

Céline se tourne vers moi :

« Tu devrais y goûter, il est délicieux.

— Oh ! J'en suis sûr... Mais je préfère ne pas en prendre. Je sais que ce n'est pas très poli... »

Je commence à rougir. Céline me dit gentiment : « T'en fais pas mon *pit* ! Veux-tu qu'on te serve tout de suite le poulet, pendant que nous, on mange l'entrée ? T'aimes ça, le poulet ? »

Là, je deviens très rouge. Une sueur me coule dans le dos. Je n'aime pas le poulet. Qu'est-ce que je dis ? Qu'est-ce que je fais ? Dans ma tête, ça va vite. Le plus simple serait que je me force pour une fois et que je mange du poulet.

Après tout, je suis chez Céline Dion ! Ça vaut la peine que je me fasse violence pour ne pas avoir l'air fou devant la divine. Mais je sais que ça va être plus fort que moi. Que je serai incapable d'en prendre deux bouchées. Et j'aurai l'air de ne pas avoir aimé le poulet de Céline. C'est encore pire que d'avoir l'air fou ! À moins que je me trouve une excuse pour ne pas manger. Je fais souvent ça. Je pourrais dire que je viens soudainement de me rappeler que demain, je dois passer une radiographie du côlon et qu'il faut que je jeûne à partir de tout de suite. Mais non, ça n'a pas de bon sens, je ne suis pas pour mentir à Céline Dion ! À la colombe ! Il ne me reste qu'à dire la vérité. Tant pis si j'ai l'air d'un bizarre.

« Malheureusement, je n'aime pas le poulet. À vrai dire, je n'aime pratiquement rien. J'ai un blocage alimentaire. Je m'excuse. Ne vous en faites pas pour moi. C'est parfait. Je vais manger un peu de pain. Je n'ai pas vraiment faim. Je m'excuse encore... »

Oh que j'ai chaud ! Céline, tout attentionnée, me demande :

« Mais qu'est-ce que tu manges ?

— Vraiment pas grand-chose. Du steak, de la fondue suisse, de la pizza... »

C'est alors qu'Alain dit :

« Pas de problème, je vais t'en faire une pizza, ce ne sera pas long ! »

Céline rajoute : « Ça, c'est une bonne idée ! »

Là, je suis mal à l'aise, pas à peu près. J'ai honte. Non seulement j'ai refusé ce que mes hôtes m'offraient à manger, mais en plus, je les oblige à me concocter un menu spécialement pour moi. C'est trop.

« Vous êtes trop gentils. Vraiment, ce n'est pas nécessaire. Ça me met vraiment mal à l'aise... »

René sourit :

« Ben non. T'en fais pas, champion, tu vas avoir ta pizza. *Toute va être correct* ! »

Alain est déjà parti chercher de la pâte. Tout le monde attend que ma pizza soit prête avant de manger le poulet. Je n'en reviens pas. Autant de gentillesse. Autant d'attention. Je suis vraiment chez des gens remarquables. Pas à cause de leur grande maison. À cause de leur grand cœur. Je suis touché. Mais en même temps, j'ai très très honte. Ça n'a pas de bon sens. Donner autant de troubles au monde. À 38 ans, agir encore comme un enfant de cinq ans. Lamentable. C'est décidé, à partir de demain, je vais changer mes habitudes alimentaires. Je vais me mettre à manger de tout. J'ai eu trop honte. Cette soirée sera un tournant dans ma vie !

Alain me sert ma pizza. Elle a l'air délicieuse. Tout le monde la regarde avec envie. Surtout René ! Je remercie Alain du plus profond de mon fond. Et j'en prends une bouchée. Un régal. C'est la meilleure pizza que j'ai jamais mangée ! Pendant quelques minutes, j'ai vraiment cru que je trouverais la volonté pour mettre fin à mon étrange diète. Mais là, à chaque bouchée que je prends, je réalise que je ne guérirai pas. Que c'est ça que j'aime. Adieu mes belles résolutions ! Je vais continuer d'être un obsédé alimentaire. Ce n'est pas ma faute. C'est la faute du beau-frère de Céline. Sa pizza était trop bonne !

Mon pupitre et les secrets

Au Collège de Montréal, il y a une grande salle d'étude où chaque élève a son pupitre. Un pupitre assez grand qui ouvre par le haut et dans lequel on range tous nos livres et nos cahiers. Et nos secrets. Le couvercle est légèrement en angle. Quand les élèves le laissent tomber tous en même temps, ça fait un boucan *heavy métal*.

Avant le début de chaque journée, on passe par l'étude pour ramasser nos livres pour les cours de la matinée. Puis, le midi, on revient échanger nos livres du matin pour ceux de l'après-midi. Et ça se répète le soir avant de partir pour la maison. Ce pupitre, c'est notre *appart'*. Notre pied-à-terre. Notre pays, notre planète.

En septembre, dans le ventre de mon bureau, tous mes effets sont placés avec soin. À droite, les bouquins, à gauche les cahiers, devant les crayons et les règles. Un vrai pupitre de premier de classe. Mais ça ne dure pas longtemps. Plus l'année avance, plus le rangement se dérange. Suis-je trop pressé d'aller jouer au hockey sur table ? Trop pressé d'aller lire dehors ? Je ne dépose plus mes livres dans mon bureau, je les *garroche*. Les bouquins d'anglais, le cahier de mathématiques, les versions latines, mon *Sports Illustrated*, le gros traité de physique, tout est pêle-mêle. Le matin, il faut presque que j'enfile un habit de plongée pour m'y retrouver. Et plus je cherche quelque chose, plus je crée le fouillis dans la demeure. Pour une feuille d'examen retrouvée, combien d'autres feuilles de perdues à jamais ? Ce qui est génial, c'est que, dès que tu refermes le couvercle, plus rien n'y paraît. Ton pupitre semble aussi beau que celui de Langlois ou de Cyr. Le dessus, c'est le ciel, l'enfer est en dedans.

Une fois par mois, M. Fournier, le surveillant de l'étude, nous rappelle de garder bien en ordre notre pupitre. Sinon, il y aura des sanctions, des retenues. Ce jour-là, on fait un petit effort, on remplit une poubelle ou deux. Puis le lendemain, c'est reparti de plus belle !

Nous sommes au mois de mars et, dans mon pupitre, on peut retrouver des vestiges de toutes les saisons. De vieilles feuilles d'automne, des cartes de hockey, le pot de cornichons que j'ai oublié d'aller porter dans le panier de Noël, des chocolats de la Saint-Valentin que m'a donnés ma sœur, des retailles d'aiguisoir, des cennes noires et des billes. C'est à peine si je suis capable de fermer le couvercle. Il faut que j'appuie dessus de toutes mes forces. Faudrait bien que je fasse quelque chose.

Il est 11 h 30. Je reviens de mon cours de biologie.

Il fait beau dehors. On va pouvoir se lancer la balle. Je ne suis plus sûr de l'endroit où se trouve mon gant. Dans ma case ou dans mon pupitre ? J'ouvre le couvercle. Oups ! J'ai dû me tromper. Je regarde autour de moi. Ben non, je suis bien à la bonne place, dans la bonne rangée. Je lève de nouveau le couvercle. Ce sont bien mes livres et mes

cahiers. Impeccablement disposés. Ça sent même le propre. Sur ma règle, il y a une note. C'est M. Fournier. Il veut
que j'aille le voir.

Ah non ! Le surveillant a fait lui-même le ménage de
mon bureau. J'ai honte. Je vais me taper une retenue. Je
cogne à sa porte. Entrez ! Je m'assois sur la chaise devant
son grand bureau. Très propre. Il me regarde avec un drôle
de sourire. « Monsieur Laporte, votre bureau était dans un
désordre révoltant...

« Je le sais...

— Et j'aimerais que vous m'expliquiez quelque chose.
C'est quoi, ça ? »

Il brandit mon cahier orange. Misère ! Pas mon cahier
orange ! M. Fournier a lu le contenu de mon cahier
orange !

Mon cahier orange, c'est mon fantasme secret. Je n'en
ai parlé à personne. Même pas à mes meilleurs amis. Dans
ce cahier, j'ai inventé... une ligue de hockey. La LHU, la
Ligue de hockey de l'Univers. Avec les Tsars de Moscou,
les Captains America de New York, les Patriotes de
Montréal et 27 autres équipes aux quatre coins du monde.
J'ai créé 600 joueurs, des Canadiens, des Suédois, des
Russes et même trois frères Chinois. Ils ont tous leur fiche
d'identité. Et chaque jour, j'entre leurs statistiques. Le
meilleur compteur de la ligue est un certain Stéphane
Laporte.

M. Fournier insiste : « Pourquoi perdez vous votre
temps à faire ça ?

— Pour le *fun*...

— Vous devriez garder votre bureau propre, à la place...

— Oui, monsieur.

— En passant, vous êtes en retenue, ce soir. Vous ferez le ménage de la salle d'étude.

— Oui, monsieur. »

J'ai retenu la leçon. Plus jamais je n'ai laissé dans mon pupitre des choses que je n'écrivais que pour moi. Je les mettais dans ma case. Barrée à double tour. Et mon pupitre a continué d'être un bordel. J'avais beau y penser, ça se créait tout seul. Comme si les objets étaient rebelles.

C'est pour ça que, en ce moment, quand tout le monde crie contre les autorités de la Ville parce que Montréal est sale, je suis indulgent. Je n'ai jamais été capable de garder en ordre mon pupitre, qui fait quatre pieds sur trois. Imaginez si mon pupitre, c'était Montréal.

La peur a toujours raison

Une nuit d'été. Tout le monde est couché. Mes parents dans la grande chambre, près du salon. Mon frère et moi dans notre chambre, au fond de la maison. Et ma sœur dans sa chambre de fille, à côté de la nôtre. Toute la famille dort à poings fermés. Comme toutes les nuits.

Soudain, on entend un bruit. Et ma sœur qui crie, qui crie : « Y'a quelqu'un sur la galerie ! Y'a quelqu'un sur la galerie ! » La chambre de Dominique donne sur la galerie de la cour arrière. Bertrand se précipite au secours de ma sœur. Il lève le store de la porte, verrouillée à double tour, et allume la lumière. Un type descend l'escalier à toute vitesse, la bicyclette de la sœurette sur les épaules. Au lieu de la ranger dans le garage, elle l'avait laissée sur la galerie.

Mon frère enfourche son vélo et poursuit le brigand à travers les ruelles de Notre-Dame-de-Grâce. Ma mère console ma sœur, qui pleure à chaudes larmes. Moi, en pyjama sur la galerie, je scrute la scène du crime, à la recherche d'indices. Comme mon idole Columbo. Et mon père dort toujours. Le drame ne l'a pas réveillé. Ma mère a eu beau essayer de le sortir du lit, peine perdue. Il n'a pas cessé de ronfler. Ça me rassure. Ça veut dire que tout ça n'est pas trop grave. Il n'y a rien comme le ronflement de papa pour se sentir en sécurité.

Il est 1 h du matin. Ma mère veut que je retourne me coucher. Moi je préférerais prélever les empreintes. Mais il faut ce qu'il faut, Columbo junior doit écouter maman. Je retourne dans ma chambre. Ma mère reste dans celle de Dominique. Elle va dormir avec ma sœur. Dodo a trop peur.

Une demi-heure plus tard, Bertrand revient bredouille de sa chasse au voleur. Mais il s'est quand même arrêté au poste de police pour signaler le délit. Ma mère n'est pas contente. Elle le dispute parce qu'il est parti courir après le bandit. Ç'aurait pu être dangereux. Elle l'envoie se coucher sur-le-champ.

Allongé dans son lit, il me raconte en chuchotant sa folle cavalcade dans les ruelles mal éclairées. J'ai les yeux grands. Mon frère n'a pas besoin d'avoir attrapé le méchant pour être mon héros. Juste d'avoir affronté la nuit, c'est déjà assez. J'ai hâte d'avoir 14 ans et d'être courageux comme lui. Ma mère nous dit de nous taire. On avait oublié qu'elle était juste à côté. On se la ferme. Et on dort.

Le lendemain matin, au petit-déjeuner, chacun de nous raconte la tragédie à papa. Et chacun en rajoute un peu. C'est rendu que c'est le FLQ qui a essayé de kidnapper ma sœur !! Mon père, peu impressionné, chicane ma sœur d'avoir laissé sa bicyclette traîner sur la galerie. Je dis à papa de ne pas s'en faire, qu'elle ne le fera plus parce qu'elle n'en a plus. Dominique ne me trouve pas drôle. C'est alors que ma mère prend la parole : « Bertrand et Stéphane, vous allez changer de chambre avec votre sœur. » On se regarde, éberlués. Bert réagit : « Ben voyons, ça se peut pas, la chambre de Dominique est bien trop petite pour deux personnes. Avec nos deux lits, il ne restera même plus de place pour bouger. »

Ma mère hoche la tête : « Vous allez vous arranger. Dominique ne veut plus dormir dans la chambre qui donne sur la galerie. Elle a été traumatisée. Alors les gars, vous allez devoir faire votre part. » Je suis offusqué. On est en train de perdre notre chambre. On est en train de perdre notre pays. J'interviens : « C'est pas juste, elle va avoir la grande chambre à elle toute seule. À cause qu'elle a laissé sa bicyclette sur la galerie ! Pis nous deux, on va être tassés de l'autre côté. Où je vais mettre mon jeu de hockey ? Papa, dis quelque chose ! » Papa fronce les sourcils : « Écoutez votre mère, les garçons ! » Notre chien est mort.

Dominique est déjà en train d'apporter ses affaires dans notre chambre. La nouvelle organisation de la maison entre en vigueur immédiatement. Bertrand et moi sommes dépossédés. J'essaie une dernière fois de plaider notre cause : « C'est pas logique de mettre deux personnes dans la plus petite chambre... » Ma mère m'interrompt :

« Stéphane, après ce qui s'est passé hier soir, Dominique a peur de dormir là. Et la peur, ça ne se raisonne pas. Faut que vous compreniez. »

— Ben nous aussi, on peut avoir peur de dormir là...

— Hey, vous êtes deux et vous êtes deux gars. Faites-moi pas croire que vous avez peur. Ton frère aime tellement les bandits qu'il leur court après. Pis toi non plus, t'as peur de rien. T'es comme Batman. »

Ma mère fait de la psychologie. Elle veut que je me sente héroïque d'aller dans la chambre dangereuse. Mais je ne suis pas dupe. Je sais qu'on est en train de se faire avoir.

Mon père et mon frère changent les lits de place. Le lit de ma sœur dans la grande chambre. Et nos deux lits dans la petite chambre. Il y a tellement peu d'espace entre les deux qu'on dirait presque qu'on va dormir dans le même. Au moins, ça va être plus simple pour les batailles d'oreillers. Je suis mieux de voir le bon côté. Ma mère ne changera pas d'idée.

Pendant des années, Bertrand et moi avons vécu tassés comme des sardines pendant que ma princesse de sœur pouvait répéter ses chorégraphies de ballet tellement il y avait d'espace dans sa chambre. J'en suis venu à me demander si ce n'était pas un de ses amis danseurs qui avait volé le vélo. J'aurais dû chercher des traces de tutu sur la galerie.

Ben non ! Je suis pas fin ! Je sais bien que Dodo avait vraiment eu peur. Et qu'on pouvait bien faire ça pour notre petite grande sœur. La peur, ça ne se contrôle pas. On ne peut pas argumenter, la contredire. La peur n'a pas d'oreilles. La peur a toujours raison de la raison. Il faut juste faire avec. On est tous un peu victimes de la peur des autres. Suffit de se serrer les coudes. Surtout quand la chambre est trop petite.

Le Canadien nous unit

Le 24 juin, quand les Québécois agitent leurs drapeaux fleurdelisés, il y a un bon pourcentage de la population du Québec qui lève les yeux au ciel en pensant : « Maudite gang de péquistes ! » Le 1er juillet, quand d'autres Québécois agitent leurs drapeaux « feuille dérablisés », un gros pourcentage de la population du Québec se moque d'eux en disant : « Cons de fédéralistes ! » Hier, à Montréal, plein de Québécois agitaient leurs drapeaux aux couleurs du Canadien et tout le monde souriait, tout le monde klaxonnait, tout le monde approuvait. Les francophones, les anglophones, les allophones, même ceux qui n'ont pas de *fun*, ils faisaient tous partie de la même équipe, ils espéraient tous le même résultat, ils étaient tous dans le même bateau. Celui du Canadien.

C'est unique dans l'histoire de cette drôle de région du globe qu'on appelle le Québec. D'habitude, les Français sont de leur bord, les Anglais sont du leur et les premiers habitants sont dans leurs réserves. Depuis une semaine, le drapeau du Canadien flotte autant à Rosemont et à

Westmount qu'à Kanesatake. Et ça fait du bien. Ça fait du bien d'avoir un rêve commun qui transgresse nos différences. Même si ce rêve est enfantin. Même si ce rêve est tout simple : gagner la coupe Stanley.

Francis Bouillon, Alex Kovalev, Cristobal Huet ou Michael Ryder réussissent à faire ce que René Lévesque et Pierre Elliott Trudeau n'ont jamais réussi : unir tous les Québécois, sans exception.

Le plus drôle dans cette histoire, c'est que c'est une bande d'étrangers qui parvient à solidariser la population locale. Des hommes venus de Russie, de Slovaquie, de la République tchèque, de Finlande, de France, de Suisse, de Suède, des États-Unis, avec quelques *Canadians* et trois, quatre p'tits Québécois. Mais ils jouent tous pour Montréal. Quand ils gagnent, c'est nous qui gagnons. Leur capitaine a beau ne pas faire le moindre effort pour parler notre langue, on s'en fout, on l'aime. Et quand il se blesse, on a mal. Parce qu'il porte le chandail du Canadien. Parce qu'il se bat pour nous. Parce que c'est notre soldat. Notre général. Le chandail du Canadien est le symbole le plus fédérateur de la société québécoise. La seule culture partagée par l'ensemble des habitants de ce bout de planète. Qu'ils parlent français, anglais, joual ou chinois.

Vous me direz qu'il y a dans ce *melting pot* plein de gens qui n'aiment pas le hockey. Qui ne regardent pas ça. Pas grave. Ils font partie de la fête quand même. Du grand rassemblement. Ils crient moins fort, ils ne se maquillent pas le visage bleu, blanc et rouge. Mais ils ne peuvent pas rester insensibles à la joie des compatriotes des gens autour. Le bonheur est contagieux. Pas besoin de savoir le nom de tous les joueurs pour être heureux. Ça se voit dans la rue. Autant à la Cage aux sports que dans les musées.

En cette période morose où plus grand-chose ne soulève nos passions, où même les souverainistes purs et durs ont le rêve usé, où aucun projet n'enflamme le peuple, où tout nous éloigne les uns des autres, vive le Canadien ! Merci à cette vieille équipe qui arrive encore à faire battre nos cœurs. Il ne faudrait vraiment pas la perdre. C'est pour ça qu'on vous scrute de si près. Qu'on vous analyse, qu'on vous remet en question, qu'on vous hue même parfois. Parce qu'on veut vous garder alertes, éveillés, parce que vous êtes trop importants pour nous. Trop essentiels à ces gens disparates qui ne sont jamais invités au même *party*. Qui vivent chacun de son côté. Presque tous les printemps, le Canadien parvient à nous rassembler. Durant ma tendre jeunesse, ils parvenaient même à nous faire croire qu'on était les meilleurs au monde. Autant ceux qui parlaient la langue de Dryden que ceux qui parlaient le Mario Tremblay. En 1968, 1969, 1971, 1973, 1976, 1977, 1978, et 1979, ça s'est terminé par un défilé. On gagnait si souvent que je me souviens, un soir, d'avoir pleuré en pensant au petit garçon du Minnesota qui ne gagnait jamais. Je me trouvais chanceux d'être né à Montréal, la ville qui gagne la coupe Stanley.

Je ne sais pas si on va la gagner cette année. Rien n'est moins sûr. Mais les deux victoires en Caroline auront suffi à nous faire réaliser que les habitants du Québec peuvent parfois être tous réunis et unis. Il faudrait maintenant trouver un autre projet. Un projet encore plus excitant que la coupe Stanley. Ça existe. Le projet d'un monde meilleur pour nos enfants. Ça se demande. Il suffit de crier aussi fort que lorsque le Tricolore saute sur la glace. Il suffit d'y croire tous ensemble.

En attendant, bonne chance, Huet, Kovalev, Ryder, Bouillon et les autres. On aurait bien besoin d'une autre petite dose de bonheur, d'une autre joie d'enfant. *Go, Habs ! Go !*

❧❧

C'est du Charlebois, maman !

Un petit dimanche après-midi de l'année 1969. Nous sommes en visite chez ma tante Laure. Toute la famille. Mon père, ma mère, mon grand frère, ma grande sœur et moi. C'est notre grande sortie de la semaine. Maman nous a bien habillés, bien peignés, bien lavés, bien frottés. Et elle nous a dit d'être fins. Assis sur le divan, on essaie d'être fins. Mais on n'y arrive pas tout le temps. Pendant que je prends une gorgée de jus, mon grand frère me donne un coup de coude. Je lui dis : « Ah Bertrand, arrête, t'es pas *cool* !»

Ma mère m'a entendu : « Stéphane, qu'as-tu dit ? »

Oups ! Je vais me faire chicaner. Chez nous, on n'a pas le droit de dire *cool*. Ni *ça m'écœure*. Ni *au boutte*. Ni *crime*. Ni *chus tanné*. Ni *maudit*. Encore bien moins *ostie*, *câlice* ou *tabarnak*. Ma mère est très sévère là-dessus. Il faut bien parler. En tout temps. On n'a même pas le droit de regarder Télé-Métropole, parce que les animateurs ont un langage trop relâché ! La qualité du français est le dada de ma maman.

« Stéphane, excuse-toi, on ne parle pas comme ça...

— Je m'excuse maman mais c'est Bertrand qui m'a donné un coup de coude...

— Bertrand, excuse-toi aussi...

— Je m'excuse. »

Marie-Laure, la grande amie de ma tante Laure, intervient pour changer l'atmosphère :

« J'ai acheté un nouveau disque. Il est fantastique. Je vais vous le faire entendre. C'est Robert Charlebois... »

La musique commence. Psychédélique. Puis le refrain :

« Alors chus parti sur Québecair, Transworld, Northern, Eastern, Western, pis Pan American, mais ché pus où chus rendu... »

Méchant choc ! J'ai 8 ans et je capote. Ça me change de tante Lucille. Arrive le couplet :

« Pis, j'ai fait une chute, une crisse de chute, en parachute, crisse, et j'ai retrouvé ma Sophie, crisse, elle était dans mon lit, crisse... »

C'est la révolution ! Il dit *crisse* dans une chanson ! Je regarde ma mère. Je suis certain qu'elle va être rouge comme une tomate. Qu'elle va être scandalisée. Ben non. Elle tape du pied. Elle aime ça. Elle trouve ça bon. Je n'en reviens pas ! Au fond, ma mère est *cool* ! C'est une révélation !

Le soir même, je joue dans ma chambre. Une brosse à cheveux dans la main, je chante n'importe quoi. Je déconne : « *Crime pof, chus en maudit, crime pof, ousqué mon lit ?* » Ma mère m'entend. Elle me dit :

« Stéphane, ne parle pas comme ça !

— Euh... C'est une chanson de Charlebois, maman !

— Ah O.K., c'est correct ! »

Fiou! Je l'ai échappé belle. Et c'est là que le déclic se fait dans ma tête. Chaque fois que je vais vouloir dire des mots fous, des mots osés, des mots *cool*, des mots qu'on n'a pas le droit de dire dans la maison, j'aurai juste à les chanter. Et à dire à ma mère que c'est du Charlebois. Elle va peut-être me laisser faire.

Le lendemain matin, je m'en vais à l'école en tenant la main de ma mère. J'essaie mon truc. Je chante : « *J'trippe au boutte ! J'trippe au boutte ! J'trippe au boutte !* Mais où est l'autre boutte ? » Ma mère me gronde :

« Stéphane, on ne dit pas ça, *au boutte*

— C'est du Charlebois, maman !

— Ah oui ? Chante-la donc plus fort ! »

Ça marche ! Durant toute mon enfance, j'ai inventé plein de *tounes* de Charlebois : *Maudite école, La maîtresse est pas cool ! Ma carte de hockey est toute pliée ! Qui m'a piqué mes mitaines ?* Plein de *tounes* pour lâcher mon fou. Pour me sentir libre. Pour me sentir vivre.

Je n'ai jamais su, si au fond, ma mère savait que ça n'était pas du Charlebois, que c'était juste du Stéphane. Probablement. Elle devait se dire qu'il valait mieux que je dise mes gros mots en les faisant rimer, éclater, danser. Devant elle. Plutôt que de les dire bêtement. Sans esprit. Dans son dos. Et c'est pour ça qu'elle jouait le jeu. Ou peut-être croit-elle encore que Charlebois a fait toutes ces chansons-là ! De toute façon, ça n'est pas ça qui compte. Ce qui compte, c'est que, grâce à ma mère, j'ai appris à respecter les mots. Et que grâce à Charlebois, j'ai appris à jouer avec eux.

Jeudi soir dernier. Trente ans plus tard. Je suis au studio maison de Marco Tessier. Avec Robert Charlebois. Le vrai. On enregistre l'indicatif de la nouvelle émission de

Jean-René Dufort : *2000 ans de bogues*. On l'a composé ensemble. Robert et moi. Les écouteurs sur les oreilles, j'entends mon idole chanter :

« *Chus tanné de la Bosnie et du Kosovo*
Chus surtout tanné du 4-5-0. »

Et je capote ! Il y a des moments de notre vie qui sont encore plus beaux que nos rêves. Et je suis en train d'en vivre un.

Ma chère mère, si dans les prochaines semaines, tu entends une chanson qui ressemble un peu à celles que te chantait ton enfant de 8 ans, sache, que cette fois, c'est vrai. C'est du Charlebois, maman !

L'été où j'ai grandi

L'été 1971 s'achève. J'ai 10 ans. Je me prépare à monter en sixième année. Je vais faire partie des grands de l'école primaire Notre-Dame-de-Grâce. Et je mesure 4 pieds et des poussières ! Être petit ne m'a jamais complexé. Mais là, à deux semaines de la rentrée, j'aimerais grandir de quelques pouces, histoire de ne pas avoir l'air trop fou. Ça doit être très humiliant, quand on est rendu un vieux de sixième, de se faire regarder de haut par un jeune de troisième. Surtout si c'est une fille !

Il me reste trois semaines pour pousser. Je sais que je me réveille un peu tard. Mais j'étais trop occupé à jouer pour prendre le temps de grandir. Maintenant que faire ?

Ma mère m'a toujours dit que manger des épinards, ça fait grandir. Je hais les épinards. Le seul légume que j'aime, c'est la patate frite. Mais faut ce qu'il faut. Au souper, je demande à maman de me passer le plat d'épinards. Elle se pince !

« Stéphane, t'es sûr que tu vas bien ?

— Oui, je veux grandir ! »

Ma mère est au comble du bonheur ! Mes parents avaient souvent essayé de me faire manger des épinards, mais ça n'avait jamais marché. Aussi bien essayer de faire chanter le Ô Canada à Pierre Bourgault ! Mais là, voilà que j'en réclame de mon propre chef. Je vire mon capot de bord. Je deviens le Guy Bertrand des épinards ! Maman, ravie, m'en verse plein dans mon assiette. Ma face grimace juste à les regarder. En plus, il faut que je les mange ! Je n'arrive pas à me décider. J'enroule et je déroule ces visqueuses algues vertes autour de ma fourchette. Mon père dit : « Stéphane, arrête de jouer avec ton manger ! »

Je n'ai plus le choix. Je me ferme les yeux et j'ouvre ma bouche. Comme Kim Basinger dans *Neuf semaines et demie*. Le plaisir en moins. Je glisse la mauvaise herbe dans mon *gorgoton*. *Ouache* ! Je fonce à la salle de bains comme Brigitte Bardot venant de manger du phoque ! Ça ne passe pas ! Pendant ce temps, mon grand frère Bertrand termine mon assiette !

Plus que deux semaines avant la rentrée et je suis toujours petit. Mon voisin du coin, François, qui est en secondaire deux, prétend que fumer des cigarettes, ça fait grandir. Il me donne son paquet. Un gros Export A sans filtre. Je me cache sous la galerie. J'en allume une et j'inhale. Je m'étouffe. Je deviens vert. Je fonce aux toilettes comme Claire Lamarche durant un débat. Pendant ce temps, mon grand frère Bertrand ramasse les cigarettes sous la galerie.

Plus qu'une semaine avant la rentrée et je suis toujours petit. Ça commence à presser ! Jean-Marie, le petit Français de France qui habite à côté de chez nous, me dit qu'embrasser une fille, ça fait grandir. C'est son grand frère qui lui a dit. Son grand frère a 15 ans et il mesure 6 pieds et 2.

Ça doit être vrai ! Le problème, c'est que je ne connais pas de fille personnellement. À part ma sœur. Et embrasser sa sœur, ça ne fait pas grandir. Tout le monde sait ça. La seule autre fille de la ruelle, c'est Clothilde, la sœur de Jean-Marie. Elle a 13 ans et elle passe son temps à nous dire qu'on est cons. J'ai plus de chance de *frencher* sœur Angèle que d'embrasser Clothilde. Comment la séduire ? Ma mère m'a dit que dans la vie, quand on veut obtenir quelque chose de quelqu'un, il faut toujours user de franchise. Je vais donc voir Clothilde et je lui dis :

« Accepterais-tu que je t'embrasse pour me permettre de grandir de quelques pouces ? »

Elle me fout une baffe ! Je me sauve dans la salle de bains en hurlant ! Pendant ce temps, mon grand frère Bertrand embrasse Clothilde.

C'est aujourd'hui la rentrée et je suis toujours petit. Mes trucs n'ont pas marché. Quoique mon grand frère Bertrand a poussé de trois pouces en trois semaines ! Est-ce parce qu'il a mangé mes épinards, fumé mes cigarettes et embrassé ma voisine ? Je ne le saurai jamais...

J'arrive dans la cour d'école. C'est bien ce que j'appréhendais. Tout le monde a grandi. Le Ti-Charles est devenu le grand Charles. Le Ti-Marc est devenu le grand Marc. Le Ti-Ben est devenu le gros Ben. J'ai l'air de Rodger Brulotte se promenant au milieu d'une équipe de basket-ball. Je cherche mes deux meilleurs amis. Par un drôle de hasard, ils s'appellent tous les deux Stéphane, eux aussi. Stéphane le petit frisé et Stéphane le grand blond. (Moi, je suis Stéphane le petit tannant !)

J'aperçois Stéphane le petit frisé. Il est toujours aussi petit. Ça, c'est un vrai *chum* ! Je cherche l'autre, Stéphane le grand blond. J'ai hâte de le revoir. On est devenus copains seulement à la fin de l'année dernière. Et l'été nous a séparés trop vite. En juin, il me dépassait déjà de plusieurs pouces. Il doit être rendu plus grand que Jean Béliveau ! J'ai beau regarder toutes les têtes qui dépassent dans la cour d'école, je ne le trouve pas. Peut-être a-t-il refoulé ?

C'est là que le gros Ben est venu me retrouver :

« Sais-tu pour le grand blond ?

— Non, quoi ?

— Il s'est fait écraser par un autobus. Il est mort. »

Ça ne se peut pas. On ne peut pas mourir à 10 ans...

Je suis retourné à la maison en pleurant. Je me suis enfermé dans ma chambre. Et j'ai écrit dans mon journal : Cet été, mon ami a tellement grandi qu'il est rendu au ciel. Puis, je suis allé serrer très fort ma mère.

La mort de mon copain me faisait réaliser pour la première fois l'importance de la vie. Et des gens qu'on aime. J'avais, jusqu'à ce jour, toujours tenu ça pour acquis.

Grâce à lui, je venais finalement de grandir.

৯৹৶

Le dimanche 3 septembre 2006

Fêter le travail

Jeudi soir, 19 h. Isabelle, la sœur de Marie-Pier, et son mari, Jean-François, arrivent à la maison. Prêts pour le grand voyage. On s'en va passer le week-end de la fête du Travail chez les parents de ma blonde, à Moncton, au Nouveau-Brunswick.

On les fait attendre un peu. On n'a pas fini notre ouvrage. Marie-Pier termine sa revue de presse. Je planche sur un concept. Ils comprennent.

Jean-François, le beau-frère, plombier de son métier, a bossé toute la semaine de 8 h du matin à 11 h du soir pour avoir son vendredi de congé. Isabelle, qui travaille pour la DPJ, a vécu une autre journée mouvementée. Elle ne parvient pas à chasser de ses pensées tous ses dossiers à faire pleurer.

À 20 h, nous sommes tous dans la voiture. Le congé commence. On traverse la nuit et le Québec en écoutant du Supertramp. Les chauffeurs se relaient. Aux aurores, on arrive enfin à Moncton.

On entre dans la maison familiale des Beaulieu sur la pointe des pieds. Marie-Pier n'a qu'une idée en tête : aller surprendre sa mère au lit, qui sera tellement contente de la voir. Et réciproquement. Mais sa mère n'est pas là. Des bisous à papa, qui nous apprend que Suzanne est toujours au boulot. Elle a commencé à 3 h hier après-midi. Il est 6 h du matin. Suzanne est infirmière. Une vocation à se rendre malade.

Les voyageurs vont se coucher. Après quelques heures de sommeil, Marie-Pier se lève avec toujours la même idée en tête. Aller surprendre sa maman au lit. Cette fois, elle y est. Elle est rentrée de l'hôpital à 11 h du matin. Un gros cas, un accident de la route, fractures ouvertes. Suzanne est heureuse de voir ses filles. Et leurs *chums*. Mais elle est livide. Toute blanche. La tête veut lui fendre. Travailler 25 heures en ligne, ça *magane*. Surtout quand ça été comme ça toute la semaine. On la laisse se reposer.

Et la gang de Montréal descend déjeuner. Claude, le père de Marie-Pier, est déjà parti au magasin. Il cumule deux emplois. Mais à 19 h, il devrait être avec nous pour souper.

C'est la fête du Travail. Et il y a de quoi fêter ! Le monde travaille tellement fort. Tout le temps. Ça n'arrête jamais. Le travail règle nos vies. Et quand on essaie de s'en sauver, il nous rattrape. Il ne nous lâche pas. Pourquoi le laisse-t-on régner ainsi ? Parce qu'on est responsable.

Suzanne pense à la visite de ses filles depuis des semaines. Elle en a parlé à tout le monde. Ça va faire un an que Marie-Pier n'est pas venue à Moncton. Dix-huit mois pour Isabelle. Suzanne aurait voulu être là pour les accueillir. Pour les serrer dans ses bras. Mais il y avait un patient à soigner dans la salle de réveil. Alors elle a sacrifié ce moment de joie, sachant qu'il lui resterait presque trois jours pour gâter sa marmaille.

Et on est des millions comme ça, à laisser le travail empiéter sur nos vies. Parce qu'on n'a pas le choix. Parce que c'est notre devoir. Parce qu'il faut répondre aux exigences. Parce que c'est grâce à lui qu'on gagne notre vie. Qu'on mange, qu'on s'habille, qu'on vit. Bref, qu'on fait de l'argent. Mais ce n'est pas juste pour ça que le travail prend autant de place. C'est surtout parce qu'il réussit à faire naître en nous un sentiment dont on a viscéralement besoin. Il nous fait nous sentir important. Nécessaire. Essentiel. Le patient avait besoin de Suzanne. Le petit gars de la DPJ a besoin d'Isabelle. La famille qui attend sa nouvelle maison a besoin de Jean-François. Et c'est pour continuer à se sentir important, valorisé, qu'on sacrifie autant. Au fond, on ne lui sacrifie pas notre bonheur, parce que le travail en fait partie. Parce que le travail nous rend heureux.

Mais pas autant que les enfants. Samedi matin, Suzanne pète le feu. La grosse musique dans la maison. Elle prépare le déjeuner pour sa famille réunie. Comme dans le bon vieux temps. Aujourd'hui, elle a congé. Et elle va en profiter pour *tripper* avec ses filles. Et leurs *chums*. Et elle passera la semaine prochaine à raconter à ses collègues infirmières, le beau week-end qu'elle a vécu.

Bacon, œufs, toasts, café. Tout le monde se bourre la face. Il ne manque qu'une personne. Moi. Je suis toujours dans la chambre. En train d'écrire ma chronique. Mais ça, ce n'est pas du travail. C'est de l'amour.

Bonne fête du Travail à tous !

Les bienfaits de l'humiliation

Avez-vous été humilié, récemment ? Non ? C'est dommage. Parce qu'il n'y a rien de plus stimulant qu'une bonne humiliation. Oubliez toutes les thérapies. Faites-vous humilier. À fond ! Vous irez mieux. Vous péterez le feu.

Avez-vous regardé la série Yankees-Red Sox ? Les Yankees ont gagné les deux premiers matchs à New York. C'était bien parti pour eux. Leurs adversaires se devaient de gagner le troisième match, présenté à Boston. Sinon, les Red Sox pouvaient oublier ça. Jamais une équipe de baseball n'a surmonté un déficit de trois victoires. Les Yankees ont gagné le troisième match. Mais ils l'ont trop gagné. Dix-neuf à 8. Dix-neuf à 8 ! Ils ont massacré les Red Sox chez eux, dans un match que Boston se devait de remporter. Ils les ont pulvérisés.

Les lanceurs des Red Sox ressemblaient à Charlie Brown. Manche après manche, l'anti-héros de *Peanuts* ne parvient jamais à retirer un frappeur. Tant et si bien que ses coéquipiers en défensive, découragés, finissent par s'impatienter et rentrent à la maison pour souper. Pendant que Charlie reste seul sur le monticule, à se faire frapper de partout. Le massacre de Boston a été plus long qu'un téléthon. Ça n'en finissait plus.

Quand les Yankees ont marqué leur 10e point, on sentait que c'en était fait. Les joueurs de Boston étaient brisés psychologiquement. La série était dans la poche pour Steinbrenner et ses multimillionnaires. Puis 11... 12... 13... 14... À partir du 15e point, tout le monde a commencé à être mal à l'aise pour les Red Sox. Même Babe Ruth a dû commencer à regretter sa malédiction. Mais les Yankees étaient déchaînés. Ils en voulaient encore. Et de 16... Et de 17... Les pauvres Red Sox faisaient pitié. Mais dans leur œil, la lueur avait changé. Ce n'était plus de la résignation. C'était un état de choc. C'était un début de révolte. Dix-huit... Dix-neuf... Dix-neuf à 8 ! À 13-8, les Red Sox étaient morts. À 19-8, les Yankees avaient réveillé le mort. Ils avaient tellement continué à fesser sur le gars à terre qu'ils l'avaient sorti du coma. Comme on cogne sur un cœur pour qu'il se remette à battre.

C'est l'humiliation du troisième match à Boston qui a donné des ailes aux Red Sox pour aligner quatre victoires. Une fois qu'on est mort, on devient un ange. On devient invincible. On devient immortel. Les Yankees ont tué les Red Sox un match trop tôt. À partir du quatrième match, ils se battaient contre des fantômes. Et c'est difficile d'appliquer la balle sur un fantôme.

Pourtant, c'est écrit dans le grand livre : « Il ne faut jamais humilier son adversaire. » Ce n'est pas une règle de *fair-play*. C'est une règle de survie. La survie de l'humiliateur.

Avant le troisième match, c'était une série normale. Les Red Sox affrontaient les Yankees. Et chacune des deux équipes voulait démontrer qu'elle était la meilleure. Après la raclée de 19 à 8, les Red Sox n'affrontaient plus les Yankees. Les Red Sox se battaient contre eux-mêmes. Contre leur état de *loosers*. Contre le dégoût de leur personne. Les Red Sox voulaient battre les Red Sox humiliés. Les loques qui se sont fait planter 19 à 8 devant des millions de téléspectateurs. Les hommes qu'ils ne voulaient plus être. Les Yankees n'avaient plus rien à voir dans cette guerre. Les Yankees étaient déjà éliminés. Les Red Sox avaient atteint le fond. Ils ne pouvaient que remonter.

Ils sont ainsi sortis d'une torpeur de 80 ans. Depuis la vente de Babe Ruth à New York, les Yankees avaient toujours battu les Red Sox en séries de championnats. Mais ils ne les avaient jamais humiliés. Ils l'ont fait il y a huit jours. Et hier les Red Sox commençaient la Série mondiale.

Voici donc un message d'espoir pour tous ceux qui vivotent de chagrin en défaite : tant qu'à perdre, perdez en grand. Mangez-en toute une. Une vraie. Une à vous enlever le goût de perdre. On apprend rarement de ses erreurs. On apprend toujours de ses humiliations. Bien sûr, ce ne sont pas tous les rivaux qui s'emportent au point de nous humilier. Mais la vie ne manque pas de sadiques. Ayez confiance. Tôt ou tard, vous finirez bien par le rencontrer, le salaud qui vous transformera en gagnant. L'important, c'est d'avoir le seuil de l'humiliation assez bas. Il y a des équipes qui, même à 30-8, vivent très bien avec ça. D'autres qui, à 3-0, se sentent déjà humiliées. Ces hommes-là ne perdent pas souvent.

❧

Montrer ses photos de voyage

Si vous suivez un peu mon blogue sur Cyberpresse, vous savez que nous avons passé le mois de juillet en Provence, ma Marie-Pier et moi. Avec plein de belle visite. Et de soleil. Des vacances de rêve.

Dès notre retour, on s'est précipités chez L.L. Lozeau pour faire imprimer nos photos. C'est une façon de prolonger le voyage. On a fait de beaux albums. Quatre. Maintenant, il ne reste plus qu'à trouver des gens à qui les montrer.

Bien sûr, tous ceux qui sont venus faire un tour à Saignon étaient ravis de contempler nos albums et de se regarder. Ça a beau être le mois passé, quand tu regardes tes photos, on dirait que ça fait mille ans. Que ça fait longtemps. Comme si l'image figeait le temps. En faisait une archive, un vieux souvenir automatiquement. La belle-sœur, le beau-frère, ma mère, ma sœur, mon frère, mon autre belle-sœur ont donc passé une grosse heure à tourner les pages et à se rappeler comme c'était bon.

Vendredi soir, on invite mes trois grands *chums* à souper à la maison : Ronald, Stéphane et Éric. Éric avec sa Marie-Josée, bien sûr, qui elle-même était accompagnée de Corinne, mais on ne la voyait pas, car elle n'est pas née encore. Tout ce qu'on voyait, c'était le bedon rond de Marie-Josée.

Ils arrivent à 19 h. On se tombe dans les bras. Plus d'un mois qu'on ne s'est pas vu. On s'installe dans le salon pour prendre un verre. Les quatre gros albums sont sur la petite table à café. Ils les aperçoivent. Personne ne saute dessus. On jase. De leur été, de leur grossesse, de notre voyage. On leur mentionne qu'on a de belles photos. Ils sourient. Puis on passe à table. On mange. On savoure la cuisine de Marie-Pier. On parle du Canadien, un peu. Beaucoup du Liban. Le temps passe. À deux reprises dans la soirée, je dis : « Hey, faudrait ben vous montrer nos photos. » Ils marmonnent oui. Puis changent de sujet.

Autour de 23 h, Ronald se lève. Il faut qu'il s'en aille. Il travaille tôt à l'hôpital demain. Les autres suivent. Marie-Josée est fatiguée. Le Steph aussi. Je n'ose pas mentionner les photos tellement ils ont l'air pressés. Bye ! Bye ! À bientôt ! C'était bon de vous revoir. Bisous ! Bisous !

Tout le monde est parti. Marie-Pier et moi restons seuls avec nos beaux albums. Peut-être sont-ils trop gros ? Si c'était un petit album, les gens se sacrifieraient un peu. Feraient semblant d'avoir hâte de les voir, et en deux minutes ce serait réglé. Mais 300 photos, juste tourner les pages, c'est long. Je me sens comme un *mononcle* qui sèche avec ses diapositives. C'était arrivé une fois dans notre famille. Un gros *party* avec plein de monde. L'oncle avait éteint la lumière, baissé l'écran et projeté les photos de ses vacances en Floride. Quand il a rallumé les lumières, le *party* était fini. Profitant de l'obscurité, tout le monde s'était envolé. Pauvre lui !

C'est ça, le problème des photos, au fond : ça n'intéresse que ceux qui sont dessus. À moins que ce soit un événement. La photo d'un accident, le sein de Lucie Laurier, ça, ça trouve preneur. Mais nous devant un champ, nous devant la tour Eiffel, nous devant des ruines, ça doit être lassant. Je dis ça sans comprendre vraiment parce que, pour nous, c'est si passionnant !

Ça sonne à la porte. C'est Éric et Marie-Josée. Ils ont oublié la nappe que nous leur avons offerte en cadeau. C'est plus fort que moi : « Voulez-vous regarder nos photos ? » Ils n'ont pas le choix. Comment dire non quand on ramasse un cadeau ? On s'installe sur la table de la salle à manger. Et ça commence. Premier album. « Wow ! Belle photo ! » Éric et Marie-Josée sont parfaits. Ils les regardent toutes avec intérêt. Ils complimentent. Répètent à plusieurs reprises : « Beau voyage ! Beau voyage ! » À partir du troisième album, ils tournent les pages un peu plus rapidement. Et nous, on donne moins de détails, question de ne pas ralentir la cadence. Finalement, ça y est, ils les ont toutes vues. Ils peuvent y aller.

On est contents : on a montré nos photos ! C'est toujours comme ça. Ceux qui montrent leurs photos sont toujours plus heureux de les voir, même si c'est la 200e fois, que les visiteurs qui les regardent pour la première fois. Peut-être que s'ils les regardaient 200 fois eux aussi, ils finiraient par *tripper*. Mais ce serait quand même étonnant.

Ronald et Stéphane ne s'en tireront pas comme ça. La prochaine fois, on les force. Des amis, c'est fait pour ça : endurer le supplice des photos de voyage. Ce soir, on a été polis. On était trop heureux de les revoir. Mais la prochaine fois, ce sera leur tour.

On en a pour jusqu'à Noël à tanner les gens qui viennent chez nous avec ces albums. Avant qu'ils se transforment en ramasse-poussière, comme les photos de l'année dernière. On ne les a pas faits pour rien. Même que, des fois, quand on va chez nos amis, on traîne les photos avec nous. « En passant, on a nos albums dans le char, ça vous tente-tu des voir ? » Comment dire non ?

Vous êtes chanceux que je n'aie que quelques petites colonnes dans votre journal préféré pour partager mes souvenirs avec vous. Si j'avais un cahier au complet, vous les verriez aussi, mes photos ! Que voulez-vous, c'est l'obsession de tout voyageur. D'ailleurs, si vous vous rendez sur mon blogue... ou si vous allez à la page 263...

Maman parlait au père Noël

C'est le plus ancien Noël dont je me souvienne. Il m'en manque des bouts. Comme un vieux film qui saute. Comme un vieux film abîmé projeté dans ma tête. J'ai 4 ans. Mon frère, Bertrand, en a 11 et ma sœur, Dominique, en a 8. Nous sommes le 24 au soir. Il est 22 h. Ma mère veut qu'on aille se coucher. Mon frère ne veut pas. Il veut veiller jusqu'à minuit. Ma mère dit qu'on est trop petits pour réveillonner. L'année prochaine, peut-être. Mon frère n'est pas d'accord : « Je suis pas trop petit. C'est Stéphane qui l'est. Si on a le droit de réveillonner l'an prochain, Stéphane aura juste 5 ans, comment ça se fait qu'à 11 ans je peux pas ?

— Pour l'instant, c'est comme ça qu'on fait ça. Les enfants vont au lit. Pis pendant que vous dormez, le père Noël va passer...

— Le Père Noël ! »

Mon frère, exaspéré, lève les yeux au ciel et s'en va dans notre chambre. Il sait que sa cause est perdue. Il n'y aura pas de réveillon cette année. Ça ne deviendra une tradition familiale que l'an prochain. Pour l'instant, la tradition, c'est se coucher le 24 au soir, se lever très tôt le 25, ouvrir les cadeaux et aller à la messe de midi. *Midi, chrétiens*, c'est moins connu, mais c'est beau aussi.

Vingt-trois heures. Ma mère emballe les cadeaux dans la salle à manger. En cachette puisque, normalement, ce sont les lutins qui sont censés faire ça. Nous, on est censés dormir. Mais on ne dort pas. Bertrand boude et écoute la radio sous ses couvertures. Et moi, dans le lit face à lui, j'ai les deux yeux grands ouverts. Je suis trop excité pour m'assoupir. J'ai hâte de savoir ce que vont être mes cadeaux. Le jeu de hockey sur table Stan Mikita, avec la lumière rouge qui s'allume derrière le gardien quand on compte un but, c'est mon rêve. Tout éveillé. Je ne sais pas que maman est justement en train de l'emballer et que ça prend beaucoup de papier.

De mon lit, je vois dans la cuisine le cadran sur le poêle. Il est minuit. Soudain, j'entends : « Merci, père Noël, merci beaucoup ! Vous reviendrez, père Noël ! » C'est la voix de ma mère au loin. Je n'en reviens pas. Le père Noël est dans la maison ! Plutôt, il y était, parce que je viens d'entendre la porte claquer. Il n'a pas fait de bruit en entrant par la cheminée ! Je ne m'en suis pas aperçu. Je n'en reviens pas ! Il est vraiment là ! Le père Noël existe. C'est vrai. Il est venu chez nous. J'ai entendu maman lui parler ! Je me tourne vers mon frère : « Bertrand ! Bertrand ! Maman a parlé avec le père Noël ! »

Il baisse le volume de sa radio : « Elle fait ça tous les ans...

— L'année dernière, je devais dormir. C'est la première fois que je l'entends. Toi, tu l'as déjà entendue parler avec le père Noël ?

— Elle ne parle pas avec le père Noël...

— Ben oui, elle a dit : « Vous reviendrez, père Noël ! »

— Elle fait semblant de parler au père Noël...

— Hein ?

— As-tu entendu le père Noël lui répondre ?

— Non, mais j'ai entendu la porte claquer.

— C'est maman qui a claqué la porte.

— Pourquoi ? Parce qu'avec sa grosse poche à traîner, le père Noël ne pouvait pas la refermer ?

— Tu comprends pas ! Le père Noël n'est jamais venu dans la maison. L'année dernière, je me suis levé un peu avant minuit et je me suis caché derrière la bibliothèque, près du salon, pour le voir. Et j'ai bien vu que maman parlait toute seule. Elle fait semblant de lui parler. Et elle claque la porte pour faire semblant que le père Noël s'en va.

— Hein ! Ça se peut pas...

— Ben oui, ça se peut. C'est le père Noël qui ne se peut pas. Ça n'existe pas, le père Noël ! »

Je suis troublé. Mêlé. Perplexe. Je n'ai jamais autant cru au père Noël qu'il y a 30 secondes. Quand j'ai entendu maman lui parler. Et voilà que mon frère vient de péter ma *balloune*. Je ne sais pas quoi penser. Ce qui me désarçonne le plus, ce n'est pas tant que le père Noël n'existe pas, c'est que ma mère ait fait semblant. Ma mère ne fait jamais semblant. Tout ce que dit ma mère est vrai. Elle ne ment pas. Le problème, c'est que mon frère non plus. Qui croire ?

Bertrand s'en veut un peu. Il est frustré d'être couché à minuit. Mais ce n'est pas une raison pour gâcher le Noël de son petit frère : « Stéphane, oublie ce que je t'ai dit, j'ai dit n'importe quoi, maman a vraiment dû parler au père

Noël. Moi, j'écoutais la radio, c'est pour ça que je ne l'ai pas entendue. L'année dernière, je ne l'ai pas vu, mais ça doit être à cause de l'angle d'où j'étais caché. Le sapin était dans le chemin. C'est sûr que le père Noël existe. La preuve, c'est qu'il va y avoir plein de cadeaux dans le salon demain.

— Laisse faire... »

Cette fois, j'en suis sûr, le père Noël n'est pas venu dans notre maison. Plus mon frère patine pour faire marche arrière pour réparer ses dires, plus c'est évident. Tout ça est un jeu que les grands inventent pour les enfants. Le verre de lait, les biscuits qu'on laisse près de la cheminée, ce n'est jamais le père Noël qui les mange. C'est maman ou papa. Ça ne veut pas dire que le père Noël n'existe pas complètement. Ça veut juste dire qu'il ne vient pas à domicile.

L'année suivante, on a réveillonné en famille pour la première fois. Mon frère avait 12 ans. Et moi 5. Il me trouvait bien chanceux. Mais lui a cru jusqu'à 10 ans que le père Noël venait chez nous. Pour moi, à 4 ans, ce conte de fées était déjà fini. On ne peut pas tout avoir. Même à Noël.

La loi du cadenas

Première journée au Collège de Montréal. J'entre en première secondaire, les cheveux peignés et le cœur stressé. Je ne suis plus un enfant qui va à l'école primaire au coin de sa rue. Je suis un grand qui va dans un grand collège rue Sherbrooke. Je porte un veston bleu, une cravate rouge et un pantalon gris. C'est sérieux.

Il est huit heures et quart. Mon père vient de me laisser devant l'entrée principale. Je vois son vieil Impala s'éloigner. Je suis seul au monde. Abandonné. Tous mes amis ont choisi Notre-Dame ou Brébeuf. Mais moi, je voulais faire comme mon idole. Comme mon frère. Et mon frère est allé au Collège de Montréal. Alors j'y suis.

J'arrive dans la salle des casiers. Il y a des centaines d'enfants comme moi, que je ne connais pas. Ils me regardent bizarrement, parce que je marche drôlement. Mais moi, je m'en fous. J'ai la tête ailleurs. Je pense à mon casier. Depuis la visite du Collège, au printemps dernier, que j'y pense.

Pour moi, vieillir, ce n'est pas avoir du poil au menton, la voix qui change ou des boutons. Non. Vieillir, c'est avoir une case qui ferme avec un cadenas. Depuis que je suis né, toutes mes choses ont toujours traîné partout dans la maison. Mes jouets, mes livres, mes disques. Même à l'école du quartier, je pouvais laisser mon hockey devant la porte de la classe, il était toujours là à 4 h. C'est fini, ce temps-là. Maintenant, mes objets, je dois les mettre dans une case fermée à double tour. Il faut que je me méfie de mon prochain. Je suis dans la société. Je suis dans le monde. Il faut que je me protège. *It's a jungle out there!*

Je n'arrive pas à comprendre pourquoi quelqu'un d'autre voudrait mon lunch, mes livres, mon *frisbee*. Ce n'est pas à lui. C'est à moi. S'il en a besoin, il n'a qu'à me les emprunter. Je suis en train d'apprendre que tout le monde n'est pas fin comme mon père, ma mère, mon frère et ma sœur.

Je suis devant la case 108. C'est la mienne. Je l'ouvre. Je mets mon lunch sur la tablette du haut. Et en bas, je mets mon gant de baseball et mes souliers de course. Je la referme. Je prends mon cadenas, je le fixe à la porte, clic. Voilà, mes biens sont en sécurité. Maintenant, ma mère m'a bien dit de ne pas oublier la combinaison : 24-10-35.

24-10-35. 24-10-35. 24-10-35. Je pense que je me suis répété ça tout l'avant-midi. Pendant le cours de français, 24-10-35. Pendant le cours de maths, 24-10-35. Pendant le cours d'anglais, *twenty four-ten-thirty five*. Midi sonne. Les centaines d'étudiants dévalent à toute vitesse les escaliers pour aller à leur case.

Entraîné par ce tsunami humain, j'essaie de ne pas tomber et de suivre le flot. En deux minutes, je suis devant la case 108. Je mets mon cadenas à zéro. Je tourne à gauche jusqu'à 24, puis deux tours à droite jusqu'à 10, puis un tour à gauche jusqu'à 35. Je tire vers le bas. Ça ne s'ouvre pas. Le cadenas demeure « cadené ». J'essaie encore, 24... 10... 35. Ça ne fonctionne pas. J'ai chaud. J'entends toutes les portes des cases claquer. Mes collègues ont réussi. Ils ont leur lunch en main et courent à la cafétéria. Je suis seul dans la salle à essayer d'ouvrir ma maudite case. 24... 10... 35. Rien. Je donne un coup de pied sur ma case. Je suis le *nerd* des *nerds*. Que faire ? Demander de l'aide. Ma mère m'a dit de ne dire ma combinaison à personne. C'est le principe d'un cadenas : être le seul à savoir l'ouvrir. Aller voir un prof pour m'aider ? Ça commence bien ! Laporte est même pas capable d'ouvrir son casier. Tout un avenir devant lui. Je ne mangerai pas, c'est tout. Et puis je n'ai même plus faim.

Quinze heures, c'est l'heure du cours de gym. Pas le droit d'entrer dans la palestre sans souliers de course. Cette fois, il faut que ça marche ! 24... 10... 35. Non. À moins que je me trompe depuis le début. Et si c'était un tour à droite pour commencer ? Puis trois tours à gauche ensuite. Et si ce n'était pas 10 ? Si c'était 6 ? J'essaie plein de possibilités. Et je suis aussi chanceux qu'un joueur de vidéo-poker. Je perds tout le temps. M. Shaink me demande pourquoi je n'ai pas mes souliers de course. Je les ai oubliés à la maison. Retenue à 16 h. Ça commence très bien.

Mon père m'attend devant le Collège. Pourquoi je suis en retard ? Euh... Je jouais avec des nouveaux amis au baseball. C'est faux. Mon gant de baseball est enfermé. Et je n'ai pas de nouveaux amis. J'ai juste une case qui ne s'ouvre pas.

Arrivé à la maison, je fouille dans la poubelle pour retrouver le papier avec la combinaison. Pourtant c'est bien ça : à gauche jusqu'à 24, deux tours à droite jusqu'à 10. Un tour à gauche jusqu'à 35. Ce n'est donc pas moi qui suis défectueux. Ça doit être le cadenas. Je n'en dors pas de la nuit.

Mardi matin, je me dirige vers ma case comme un zombie, le désespoir dans l'âme. 24... 10... 35. *Niet* ! Je garde mon lunch dans mon sac d'école. Et je me colle une autre retenue au cours de gym. Une semaine comme ça, à être un sans-abri de la case. Une semaine à être barré. Fermé.

Puis le vendredi, pour que ma case s'ouvre, je m'ouvre en premier. Je demande à mon voisin de casier de m'aider. Il est petit comme moi, mais blond. Il s'appelle François. Je lui dis ma combinaison secrète. Il s'exécute. Clic ! Ça fonctionne. À la fin, fallait pousser par en haut avant de tirer par en bas ! Je récupère mon lunch pourri et mes souliers de course. Merci, François !

Je viens de me faire mon meilleur ami de ma première année au Collège. Les combinaisons, c'est comme les secrets, ils n'ont de valeur que si on peut les révéler à des gens qui les garderont pour eux.

Ne me demandez pas pourquoi, même en sachant le truc, je réussissais à ouvrir mon cadenas une fois sur deux. Je suis vraiment un sous-doué du vol de banque. Et si François était pas là, c'est Stéphane qui m'aidait, ou Denis, ou Guy, ou Yvan... À la fin de l'année, tout le Collège connaissait mon code. Et je ne me suis jamais rien fait voler. Faut croire qu'on était encore des enfants.

❧❧

Ma filleule, Michael Jackson et moi

Un vendredi soir, en 1984. Mon frère Bertrand et ma belle-sœur Marie-Andrée descendent l'escalier. Ils font souvent ça. Ils habitent en haut de chez nous. En haut de chez mes parents. Mon frère a dans ses bras sa petite merveille. Son bébé. Sa fille. Sa plus vieille. Ma filleule. Marjolaine, qui a presque 3 ans. Ma belle-sœur a dans ses bras l'autre merveille. Un autre beau bébé. Une autre belle fille. Leur plus jeune. Valérie, qui a 1 an.

Ils viennent nous porter leurs trésors. Bertrand et Marie-Andrée s'en vont au cinéma avec ma mère et ma sœur, voir un film avec Baryshnikov, le danseur de ballet. Papa et moi, on reste à la maison. On garde les deux petites. Grosse mission. D'habitude, quand mon frère et ma belle-sœur sortent, il y a toujours ma mère ou ma sœur pour veiller sur les poupons. Cette fois, ce sont les hommes qui sont de garde. Attention !

Papa s'occupe de la plus jeune. Et il s'en occupe très bien. Plus le bébé est bébé, plus mon père a le tour. C'est quand les enfants se mettent à parler que ça se complique pour mon paternel. Mais quand ils dorment presque tout le temps et qu'ils ne disent pas un mot – au fond, quand ils font la même chose que lui –, les enfants et papa sont en symbiose totale. Papa est couché sur son lit avec Valérie dans ses bras. Ce sera leur grosse activité de la soirée.

Moi, je m'occupe de la plus vieille. On s'amuse dans le salon. Je dois la coucher à 20 h, il nous reste une heure pour faire les fous. On joue à Michael Jackson. Marjo est Michael. Et moi, je suis Tito, le frère gros de Michael. On fait les chorégraphies des Jackson Five. Elle, elle les fait très bien. Et moi, je les fais tout croche. En Tito. En *nono*. Et ça fait rire Marjo. *ABC ! I Want you Back ! Blame it on the Boogie* ! On enchaîne tous les succès en déconnant. Marjo adore Michael Jackson depuis qu'elle est toute petite. Je la berce en chantant *Beat it*. Parlant de berceuse, c'est l'heure. Faut que j'aille la coucher. Marjo ne veut pas. Elle me regarde avec ses grands yeux :

« Parrain, encore Mickey Jackton ! Encore !

— Le *show* est fini, Marjo ! Mickey Jackton, faut qu'il fasse dodo.

— Noooon ! »

Et elle se met à pleurer. À pleurer ! Mais à pleurer ! Je suis désemparé. Je ne peux pas aller la porter à sa mère. Ni à ma mère. Ni à ma sœur. D'habitude, ce sont elles qui règlent les crises de larmes. Il faut que je me débrouille comme un grand. J'ai le goût de me mettre à pleurer moi aussi.

« Marjo, arrête ! »

Je me mets à faire des singeries. À tirer la langue. À faire du *moonwalk* en tombant sur le derrière. Rien n'y fait. La vallée de larmes continue à se remplir. J'entends la voix de mon père venir du fond de sa chambre : « Stéphane, ça va ? » Je suis mieux de régler le problème, et vite. Si les cris de Marjo réveillent Valérie dans les bras de papa, ça va être l'enfer. Et mon père ne me le pardonnera pas. Que faire ? Que faire ?

« Marjo, si on regarde la cassette de Michael Jackson, est-ce qu'après on s'en va se coucher sans dire un mot ?

— Oui. »

L'inondation est arrêtée. D'un coup sec. Plus de larmes. Juste un beau grand sourire. Comme un arc-en-ciel après la pluie. Je suis presque fier de mon coup. Presque, parce que je ne suis pas censé faire ça. Ma belle-sœur ne veut pas que Marjo regarde la cassette de Michael Jackson. Elle dit qu'elle est trop petite pour regarder le vidéo *Thriller*. Voyons donc ! Un loup-garou avec une voix de Mini-Fée ! Y'a rien là ! Et puis, je n'ai pas le choix, c'est tout ce que j'ai trouvé pour pouvoir coucher Marjo.

Je mets la cassette dans le magnétoscope et je m'assois à côté de ma filleule. Elle est heureuse. Elle sait que sa mère est contre. Elle savoure chaque seconde. Michael est au cinéma. Il mange du *pop-corn* en regardant un film de peur. Sa blonde sursaute. Michael rit. Puis il va la reconduire chez elle. Ils se promènent main dans la main. Michael a l'air amoureux. C'est un bon acteur. Il fait des petits pas de danse autour de sa douce. Marjo est subjuguée. Marjo le trouve beau.

« Bon, c'est assez, on va se coucher.

— Encore, parrain, encore... »

Parrain sait ce qui s'en vient. Mais il est trop faible pour mettre son pied à terre. Soudain, Michael Jackson a comme un crampe. Ses yeux deviennent jaunes. Les yeux de Marjo s'agrandissent. Michael se couvre de poil. Marjo frissonne. Michael pousse un grand cri. Marjo a la bouche grande ouverte. Puis les morts sortent de leurs tombes. Et Michael se met à danser avec eux. C'est trop. Marjo se met à pleurer comme si on lui arrachait un bras.

« Mickey Jackton, méchant ! Mickey Jackton, méchant. Bouhouhouhou ! »

Elle est traumatisée. Tantôt, les larmes, c'était de la petite bière. Elle est en transe. J'éteins le magnétoscope. Mon père arrive dans le salon avec Valérie dans les bras, qui pleure aussi.

« Qu'est-ce qui se passe ? Tu lui as fait mal ?

— Non, c'est Michael Jackson qui lui a fait mal. »

Je prends ma filleule par la main et la monte dans sa chambre. En la consolant : « Mickey Jackton est pas vraiment rendu méchant. C'est un déguisement. Comme à l'Halloween. » Elle renifle. Je lui chante une bonne vieille berceuse. *Au clair de la lune.* Elle s'endort. *Yes* ! Mission accomplie.

Bertrand, Marie-Andrée, maman et Dominique reviennent du cinéma. Ni vu ni connu. Tout a bien été. Les filles ont été sages. Tout est parfait.

Malheureusement, l'histoire ne se termine pas ici. Cette nuit-là, Marjo s'est réveillée en pleurant. Et en criant, très fort. Elle voyait Michael Jackson en mort-vivant dans sa fenêtre. Ma belle-sœur a tout de suite compris que parrain avait montré à sa fille la cassette interdite. Elle était pas contente. Surtout que, durant un mois, Marjo s'est réveillée toutes les nuits en pleurant. En rêvant au méchant Michael Jackson. Parrain n'était pas fier de lui. J'étais le coupable. Mais j'avais appris ma leçon.

Valérie n'a jamais vu le vidéoclip *Thriller* de Michael Jackson. Ni ses deux petites sœurs, qui sont nées plus tard.

Même pas à l'âge de 15 ans. Je ne prenais plus de risque. Michael Jackson était devenu interdit aux enfants chez les Laporte. Force est d'admettre qu'il aurait dû en être ainsi dans toutes les maisons. Surtout en Californie.

Des bas débats

Hey, le débat des chefs ! Non, mais c'est quelque chose ! Les quatre personnes qui veulent diriger le Canada débattent entre elles. Euh...

Ce n'est pas tout à fait ça. Les trois personnes qui veulent diriger le Canada et la personne qui veut diriger le Québec, mais pas tout de suite, débattent entre elles ! C'est nos *leaders* ! Nos chefs ! Ceux qui vont nous dire quoi faire. Ceux à qui on va donner notre argent. Ceux qui vont conduire 32 millions d'habitants. Ça devrait être la crème de la crème. Le sirop d'érable du sirop d'érable. Ça devrait être les quatre Canadiens les plus intéressants, les plus passionnants, les plus intelligents. Ben non, c'est les plus plates ! ! !

Il y en a un, son dentier est trop long, il s'*enfarge* dans ses dents, il chuinte tout le temps, il a de grands yeux d'épagneul qui fait pitié. L'autre, on dirait que, lorsqu'il a envoyé son costume au *pressing*, il était dedans : il est empesé, le cheveu laminé, le charisme d'un comptable. Le troisième, on dirait un *mononcle* en plein *party*, qui donne des becs aux nièces avec sa moustache qui pique. On s'attend toujours à ce qu'il raconte une blague de *Newfie* ou de blonde. Le dernier, il a comme pas rapport. Il ne veut pas devenir premier ministre du Canada ; il veut devenir président du Québec. Il est bien bon, mais c'est comme si Sidney Crosby arrivait dans un match de basket-ball.

« Vous devriez faire ça de même... Vous devriez faire ça de même... Vous devriez faire ça de même... »

— Fais-le donc, toi, si t'es si *smatte*...

— Non merci ! Moi, le Canada, je m'en fous ! Moi, c'est le Québec ! »

Je l'aime bien, M. Duceppe. Mais c'est vrai que ça doit être frustrant pour les trois autres. Lui, il ne veut pas gagner la partie, il veut juste te la faire perdre.

De quoi on parlait, déjà ? Ah ! oui, de l'affaire plate, là. Le débat des chefs. Non, mais franchement, ramenez-nous les *crosseurs* de la commission Gomery ! Eux, au moins, ils faisaient un bon *show*. Les chefs, durant le débat, ils ne disaient rien. R-I-E-N. Je m'ennuyais de *La Fosse aux lionnes*.

Les très sérieuses gens de l'information critiquent toujours lorsqu'un politicien accepte de participer à une émission de variétés. Ils ne devraient pas parce que là, au moins, les politiciens finissent par dire quelque chose. Le débat des chefs, ça devrait être le Super Bowl de la politique. Les quatre personnes les plus importantes du pays s'affrontent dans un match oratoire. C'est *big* ! Ben c'est moins excitant qu'une partie de *mini-putt* ! D'abord, le décor ! Les faux-murs en simili-marbre. On dirait que c'est sorti d'un épisode d'*Iniminimagimo*. Puis la formule : chacun dit son petit boniment, pas d'échange, pas de discussion. Tous plantés comme des piquets. Les questions du vrai monde, c'était une bonne idée, mais les réponses n'étaient pas de bonnes idées. Mais il n'y avait personne pour les *challenger*. Dominique Poirier est très bonne, mais elle n'est pas Claude Poirier. Ça négocie pas fort.

C'est bien beau, l'éthique journalistique, mais si, au lieu du débat, les quatre chefs avaient été reçus à *Tout le monde en parle*, tout le pays serait bien plus éclairé aujourd'hui.

Il faut renouveler le concept du débat des chefs avant que seul Canal D accepte de le diffuser.

Je ne sais pas, moi, faites comme le Parti libéral, piquez l'idée de la LNI. Les bandes seraient plus belles que les colonnes en carton. Chaque chef en chandail aux couleurs de son parti. Bernard Derome en Yvan Ponton. Une petite carte, un sujet, deux, trois ou quatre concurrents, pis *let's go*, les chefs improvisent. On ne veut pas l'entendre, le petit texte écrit par les huit experts en communication, on veut savoir ce qu'ils pensent vraiment. On veut savoir ce qu'ils ont en dedans, vraiment.

Il paraît que les journalistes sérieux sont les plus aptes à cuisiner les chefs. Ben faites-le ! Soyez là. Posez les vraies questions. Si ce n'est pas pendant le débat, ce sera quand ?

Et en vérité, les personnes les plus aptes à boucher les chefs, ce sont les chefs eux-mêmes. Donc, laissez-les s'affronter. Se mettre au défi. Se révéler. Leur interdire de se parler, c'est un non-sens. Ce n'est plus un débat, c'est un bas. On ne va pas loin avec un bas. Et surtout, ne leur imposez pas de limite de temps. Laissez-les s'expliquer tant qu'ils le veulent. On les écoute une fois aux quatre ans, qu'ils en profitent. Si Guy A. Lepage peut retarder le *Téléjournal*, Martin, Harper, Layton et Duceppe devraient avoir le droit aussi.

Bref, je crois qu'il faut au plus vite organiser un débat pour savoir comment devrait être fait le prochain débat.

Sur ce, c'est dimanche, et il y a autre chose à faire que de parler politique : il y a du bon football à la télé.

෨෬

Le dimanche 3 avril 2005

Attendre la mort

Samedi après-midi. Il est un peu passé 13 h. Je m'installe à mon ordinateur pour vous écrire cette chronique. La télé est à RDI. Bernard Derome est en émission spéciale. On attend la mort du pape d'un instant à l'autre depuis hier soir. On voit des gens réunis devant Saint-Pierre de Rome. Debout. Qui attendent. Comme nous.

Bernard Derome et ses invités cherchent quelque chose à dire. Mais il n'y a rien à dire quand on attend la mort. Je baisse le volume. Et un souvenir monte dans mon cœur. Et un souvenir vient me nouer les tripes. Je me rappelle la fois où j'ai attendu la mort. Ce n'était pas celle du Saint-Père. C'était celle de mon père. Il n'y avait pas d'émission spéciale, pas de caméras, pas de foule rassemblée devant l'Hôtel-Dieu.

Il n'y avait que mon père et moi dans une chambre d'hôpital. Mon père était sous morphine. Inconscient. Depuis le matin. J'avais passé la journée avec ma mère et ma sœur, à ses côtés. Puis, autour de minuit, ma mère et ma sœur étaient rentrées chez elles se reposer un peu. Je n'avais pas voulu m'en aller. J'avais du temps à rattraper. Dominique et maman vivaient avec papa. Moi, je ne le voyais pas assez souvent. Alors je me suis installé pour le regarder. Toute la nuit.

J'ai mis ma chaise à côté de son lit. Et je n'ai fait que ça. Le regarder mourir. Sans dire un mot. Sans même prier. Sans même penser. Comme si tout mon cerveau, tout mon cœur, tout mon corps ne s'appliquaient qu'à faire une seule chose : le regarder.

Allongé sur le dos, les yeux fermés, on n'aurait pas dit qu'il était en train de mourir. On aurait dit qu'il était en train dormir. Comme les samedis soir de mon enfance, devant le hockey, allongé sur son canapé vert. La seule différence, c'est que moi, au lieu de regarder le match, je le regardais, lui.

Je suis resté comme ça. À le fixer. Sur pause. Durant des heures. Sans émotion. Prostré. Gelé. Quand on attend la mort, on arrête de vivre.

Puis tout d'un coup, sans y penser, comme un réflexe, j'ai pris sa main. Je l'ai serrée. Et j'ai senti que sa main me serrait aussi. Et c'est là que la vie est revenue en moi. Et c'est là que j'ai craqué. Je me suis levé. Je me suis mis à parler. À chuchoter. Mais à chuchoter de plus en plus fort ! Je lui ai dit que je l'aimais, que je ne voulais pas qu'il parte. De rester encore un peu. J'ai cogné sur les barreaux de son lit. J'ai pleuré. J'ai crié : « Pourquoi ? » Papa a continué de dormir. Je me suis calmé. Je me suis assis. Papa avait encore raison. La meilleure réponse à « pourquoi », c'est le silence.

Alors j'ai regardé dehors. Alors j'ai regardé la nuit. Le ciel noir et le mur sombre de l'autre aile de l'hôpital.

Mon regard s'est attardé à la fenêtre d'une chambre éclairée. Il y avait la tête d'une fille qui montait et qui descendait. Bref qui sautait. Ça m'a pris quelques minutes avant de comprendre ce qu'elle était en train de faire. Pendant que je veillais mon père, dans une autre chambre de l'Hôtel-Dieu, une patiente, une infirmière, une médecin, je ne sais pas, faisait l'amour. J'étais découragé. Je ne voulais pas voir ça ! Je me sentais dans un mauvais film italien. Je savais que, pour le reste de ma vie, chaque fois que je penserais à la dernière nuit que j'ai passée avec mon père, cette scène loufoque reviendrait à ma mémoire. Cette tête qui montait et qui descendait dans la fenêtre. Cette scène « pas rapport ». Cette scène de *Bleu nuit* en pleine tragédie.

J'ai baissé les yeux. Et j'ai recommencé à regarder mon père. Mon père si prude. Si puritain. Avec qui je n'avais jamais parlé de fesses. Même pas de mollet. J'ai imaginé ce qu'il m'aurait dit s'il avait vu ça avec moi : « C'est pas ce que tu penses. Ça doit être un traitement médical. Une sorte de *clapping* extrême. Tu penses trop à ça, mon gars. » J'ai souri. J'ai collé mon visage sur la main de mon père. Et je suis resté comme ça le reste de la nuit.

La mort n'a pas osé venir. On était trop bien.

Puis quand le jour s'est pointé, j'ai levé les yeux et j'ai vu un bout de soleil dehors. J'ai vu aussi qu'il ne se passait plus rien dans la chambre d'en face. J'ai mis une autre serviette d'eau froide sur le front de papa.

Ma mère est arrivée. Elle voulait me remplacer. Je n'ai pas voulu. Je n'étais pas fatigué, même si je n'avais pas dormi. On aurait dit que j'avais dormi dans mon papa. À travers lui. Qu'il m'avait donné un peu de son repos.

Cette nuit en apnée, cette nuit à attendre la mort a fait de moi quelqu'un de plus fort. Quelqu'un qui n'a plus besoin de demander pourquoi. C'est comme si j'avais compris quelque chose.

J'ai passé toute la journée à l'hôpital. Et, à la fin de l'après-midi, la mort est arrivée. Mon père est parti. J'ai pleuré. Puis j'ai pris maman dans mes bras. Puis je suis allé l'annoncer à ma sœur. Puis j'ai appelé mon frère au Nouveau-Brunswick. J'ai pris soin de ceux que j'aime. C'est comme si j'avais compris que c'était mon tour d'être un père.

Il est 15 h 30. Je suis en train de taper ce souvenir sur mon clavier d'ordinateur. Je lève les yeux pour regarder la télé. Le son est toujours coupé. Mais c'est écrit en bas de l'écran : « Jean-Paul II est décédé à 21 h 37, heure de Rome. »

Le monde n'attend plus. Son père est parti. C'est maintenant à lui d'en devenir un.

De la grande petite visite

Ça fait une semaine qu'on a hâte de les voir. Comprenons-nous bien, on a toujours hâte de les voir, mais aujourd'hui, c'est spécial. Parce qu'ils sont plus nombreux qu'avant. Marie-Josée, avec un peu d'aide de son mari Éric, a donné naissance à une petite fille le 21 septembre. Et ils s'en viennent nous la montrer. La petite Corinne.

On est prêts, l'appareil photo bien en main. Ça sonne. On se dépêche de répondre. C'est Isabelle, la sœur de Marie-Pier, et son chum J.F. On est contents. Mais on continue d'attendre. Avec eux. Ils sont presque aussi fébriles que nous. La venue d'un nouveau-né, peu importe la journée, c'est toujours Noël.

On jase. Les filles vont dans la cuisine. Les gars allument le jeu vidéo. Et ça resonne. Cette fois, ça y est. C'est eux. Éric, Marie-Josée et Corinne dans son petit siège d'auto. En les voyant, ma blonde se met à pleurer. Pas à chaudes larmes. Juste quelques gouttes. L'émotion de voir nos amis transformés. Par ce qu'il y a de plus beau au monde.

Et ça paraît tout de suite. Dès qu'ils entrent dans la maison. En tenant dans leurs bras leur petit poupon. Leur petite poupoune. Leurs yeux sont grands, immenses. Comme si l'éblouissement de la naissance était encore dedans. Et leur sourire est beau comme le bonheur. Mais assez parlé d'eux. Regardons la merveille. Éric pose le siège sur la table du salon. Marie-Josée enlève la tuque à sa fille. Elle est là. Devant nous. Elle dort. Tout simplement. Elle ne sait pas que ça ne se fait pas, entrer chez les gens en dormant. En rêvant.

La maison est devenue toute calme. Tout le monde parle doucement. Il y a un ange dans la demeure. Marie-Josée raconte son accouchement. Cette journée qu'elle n'oubliera jamais. Éric raconte le sien. En lâchant quelques bonnes blagues de gars. On rit. Mais pas trop fort. Pour ne pas réveiller Corinne. On a tous les yeux rivés sur elle. On la regarde dormir. Et on est en extase. Elle serait en train de jouer du Mozart ou de danser le ballet, on ne pourrait être plus admiratif. Elle fait dodo, et c'est génial. Elle n'a vécu qu'une semaine sur la planète. Une petite semaine. C'est court comme des vacances. Elle ne sait encore rien de cet endroit. Qu'il est rempli d'arbres, d'autos et de personnes. Que le ciel est bleu. Qu'un plus un font deux. Elle ne connaît que le cœur et les seins de maman. Et les forts bras de papa. Plus innocente que ça, tu vis.

Je pense que c'est ça qui nous remue en dedans. Qui nous rend *gaga* devant un bébé naissant. Y'a rien qui ressemble plus à la vie. Ce n'est que ça. Un petit morceau de vie. Rien d'autre. Pas de malice. Pas de défaite. Tout est neuf.

Rien n'a servi. Rien n'est usé. Rien n'est blessé. Une pousse. Une graine. Qui va grandir. S'épanouir. Et qui, avant qu'on ait eu le temps de le dire, va entrer ici en se dirigeant carré vers le réfrigérateur et en se versant une bière : « Ça va, mon oncle ? Ça va ma tante ? » Et on lui radotera la première fois qu'on l'a vue. Qu'elle était grosse comme une petite puce. Et qu'elle dormait profondément. Et l'ado soupirera, en levant les yeux au ciel.

Tout le monde parle dans le salon. Mais la seule qu'on écoute vraiment, c'est Corinne. On écoute son petit « respir ». Elle semble tellement calme. Paisible. Paraît que la nuit, c'est autre chose. Qu'elle crie, pleure et fait tous les temps. Elle prend sa place. Aux parents à s'y habituer. Et ils semblent l'être déjà. C'est ce qui nous impressionne le plus de nos amis. Aucune panique. C'est leur premier, et on dirait qu'ils ont toujours eu ça, un bébé. Ils sont sereins. Comme si c'était naturel. Et ça l'est tellement. Corinne est bien chanceuse de tomber dans leurs bras.

Éric se lève. Ils doivent y aller. C'était juste un petit tour. Corinne va bientôt se réveiller. Et elle voudra boire. Marie-Josée lui remet sa tuque. Éric prend le siège d'auto. Fier comme un paon. On leur redit combien elle est belle. On n'a fait que ça. Bisous, bisous, ils sont partis.

Nos amis n'ont jamais été aussi beaux. Encore plus qu'à leur mariage. C'est fou jusqu'où ça peut aller, l'amour. Marie-Pier, Isabelle, J.F. et moi, retournons dans le salon. On regarde déjà les photos qu'on vient de prendre. Comme si on revenait de la Lune. Pendant quelques minutes, dans notre maison, tout l'univers tournait autour d'un siège d'auto.

On continue notre petite soirée. On se prépare à aller au resto. C'est un beau vendredi comme bien d'autres.

Pas pour Éric et Marie-Josée. Les journées pour eux ne seront jamais plus comme celles d'avant. Et pour ce qui est de Corinne, elle ne peut même pas comparer. Elle n'en a jamais eu d'avant. La chanceuse! Tout est à faire. Tout est à vivre.

Il lui faudra plus que dormir dans quelques années pour avoir toute l'attention tournée vers elle. Mais elle aura probablement compris que l'attention, c'est pas ça qui compte. C'est l'amour. Et ça, il est déjà là. En elle.

Bonne deuxième semaine, Corinne!

Le secret de la fin août

Je suis en train de me *pitcher* avec mon ami François dans la ruelle. J'ai mon gant de baseball bleu comme Vida Blue. On ne se lance pas une vraie balle de baseball. On se lance une balle de tennis pour ne pas briser les fenêtres des voisins. On se fait des ballons, des bondissantes, des flèches, tout pour rester sur le qui-vive. Des fois, on manque notre coup et la balle roule en dessous des autos. Ça, c'est plate. Faut ramper pour aller la chercher. Vida Blue n'a jamais à faire ça. On ressort tout crottés. Comme dans les annonces de Tide.

D'habitude, on peut se lancer la balle durant des heures, mais aujourd'hui, après 20 minutes, on en a assez. On va se chercher un Popsicle et on s'assoit dans les marches. Tout en le léchant, on se demande ce qu'on pourrait bien faire. Aller au cinéma ? On a vu tous les films. Même que *Jaws*, on l'a vu trois fois. Aller au parc ? On est allés ce matin. Jouer au tennis ? La raquette de François est brisée. Il s'est pris pour McEnrœ et l'a lancée contre le mur qui venait de le battre. Se lancer le ballon de football ?

Ouais... Peut-être. Faudrait aller le chercher. Mais personne ne bouge. On reste bien assis sur nos fesses. Comme zombies. Au fond, on ne sait pas trop quoi faire de nos corps. Au fond, on a envie de ne rien faire. À part s'ennuyer. On a le cafard, comme disent les grands.

Au fond, ce dont on a vraiment envie, on ne l'avouera jamais. C'est un secret que l'on garde pour nous. Des enfants n'avouent jamais ça. On a hâte de retourner à l'école. Oui, vraiment. On a hâte d'être en classe. C'est ça qu'on a, aujourd'hui. C'est pour ça qu'on se morfond. Qu'on *brette*. Que rien ne nous tente. On en a assez de l'été. Assez des congés. Assez des journées à faire ce qu'on veut. Assez de la liberté. On a envie que quelqu'un nous dise quoi faire. D'avoir des parcours obligés. De se lever pour aller quelque part. D'avoir des leçons à apprendre, des devoirs à écrire. De revoir tous nous amis, pas juste ceux qui habitent près de chez nous. De jouer à 10, de jouer à 20. D'avoir hâte au samedi. Quand c'est tous les jours samedi, on n'a plus hâte à rien.

Bref, si on pouvait faire ce qu'on veut, aujourd'hui, on prendrait le chemin de l'école. Ça ferait du bien. Ça ferait changement. Mais on ne le dira jamais. C'est trop irréel. Ce serait comme dire qu'on veut aller chez le dentiste. Avoir hâte à l'école, c'est pour les *nerds*. Nous, on n'est pas des *nerds*. On est des *cool*. Alors, on tient ça mort. On garde ça en dedans.

En attendant que les derniers jours d'août finissent par finir. Mais ils semblent tellement longs. Des jours de 200 heures. Alors que les journées de juillet passaient tellement vite. En deux secondes. En un battement.

Les Popsicles sont terminés. François laisse tomber la phrase qui tue : « Qu'est-ce qu'on fait ? » On n'a pas dit cette phrase de l'été. On avait toujours quelque chose à faire. On disait soccer, on disait cachette, on disait piste de course, mais on ne disait jamais « qu'est-ce qu'on fait ? ».

Je ne réponds pas. Je soupire. Je pense. François pense aussi. Finalement, je propose quelque chose :

« Si on jouait au hockey ?

— Au hockey ?

— On pourrait sortir les filets et les bâtons du garage et jouer dans la ruelle avec la balle de tennis.

— Mais c'est ben trop tôt. On joue jamais au hockey avant que l'école soit commencée. Jamais avant septembre.

— Pourquoi pas ? »

François sourit. Moi aussi. On se *garroche* dans le garage. Soudainement, on a retrouvé notre entrain. On installe les filets. On met du *tape* sur nos bâtons. Et c'est parti ! Je suis Cournoyer, il est Esposito. Le Canadien va gagner. On s'amuse. On est heureux. John, le voisin, vient nous rejoindre. Puis Josée, la sœur de François. Puis Carrière, qui habite l'autre rue. Puis mon frère. On est rendu une petit bande à courir avec nos bâtons. Une petite bande à montrer qu'on en a assez de l'été. À montrer qu'on est déjà en automne. Qu'on est déjà en mode hockey. Le baseball, le football, le soccer, le tennis, on finit toujours par s'en tanner. Le hockey, jamais. On peut jouer de septembre à juin avec la même passion. Et même d'août à juin.

Ça fait deux heures qu'on joue comme des fous. On a chaud. On est essoufflés. On est crevés. On est bien. Il ne manque qu'une chose à mon bonheur. Que ma mère sorte sur la galerie pour me dire de rentrer faire mes devoirs. Ça, ça serait parfait. Ça, c'est pour le mois prochain.

❧

Le dimanche 26 février 2006

Un « Je t'aime » en papier

Ça va faire un an. Un an que, si vous me regardez comme il faut dans les yeux, vous allez voir Marie-Pier. Un an, c'est rien. Mais c'est quand même 31 556 926 secondes. Et durant chacune d'elles, j'ai pensé à celle que j'aime. J'ai rêvé. J'ai douté. J'ai savouré. Et le temps a passé si vite qu'on dirait que ça fait une heure qu'elle occupe tout mon p'tit cœur. C'est encore tout nouveau et ancien à la fois. Comme si elle était là avant même qu'elle y soit. Comme si la place libre, comme si le vide qui faisait mal parfois, c'était sa présence que je ne trouvais pas. Comme si c'était mille ans plus un an.

Un an, c'est rien. À peine le temps de se présenter. À peine le temps de se connaître. Mais c'est assez pour savoir que j'aime tout ce que je connais. J'aime comment elle me donne la main. Comment elle dit son nom. Comment elle répète le mien. J'aime comment elle s'assoit. Comment elle se lève. Comment elle parle, elle rit, elle se tait. J'aime comment elle dort, comment elle se réveille. J'aime comment elle se brosse les dents. J'aime comment elle se choque, comment elle part, comment elle revient. Et j'ai juste hâte d'aimer ce que je ne connais pas encore. Ça ne peut être qu'aimable puisque c'est en elle.

Un an, c'est rien. Mais on sait au moins qu'on est bien ensemble l'hiver. Qu'on est bien ensemble au printemps. Qu'on est bien ensemble l'été. Et qu'on est bien ensemble l'automne. C'est déjà beaucoup. On a fait une fois le tour du carrousel. Après, ça recommence. Ça va plus vite ou moins vite, selon la musique et les intempéries. La neige et les fêtes en famille, le soleil et les voyages, la pluie et le travail. On a déjà des souvenirs accrochés à chacune des saisons. Je sais que chaque moment est plus beau, quand elle est dans la photo.

Un an, c'est rien. Mais c'est assez pour transformer une maison. Maintenant, il y a des fleurs dans ma chambre, une vieille armoire pleine de linge et un journal intime sur la table de chevet. Dans la salle de bains, ça sent la crème. Il y a un bureau dans le solarium, un aquarium avec 11 poissons, un babillard avec plein de photos. Dans l'escalier, il y a un tableau de Louise Robert sur lequel on peut lire : « Des rêves qu'on a envie de prendre dans ses mains ». Dans le salon, il y a un violoncelle qui traîne. Et sur le sofa, une chatte qui dort avec plein de petits chatons dans son ventre. J'avais oublié de vous dire que Binette est enceinte. Elle n'a même pas un an. Les chattes sont plus vite en affaires que les humains !

Un an, c'est rien. Mais c'est assez pour qu'entrent dans votre cœur une dizaine de nouvelles personnes à aimer : sa sœur Isabelle, son beau-frère Jean-François, son père, sa mère, son amie Marie-Andrée. Et Michelle... Et Mélanie... Et Alvin... Et tous ceux que Marie-Pier aime, et que j'aime aussi parce qu'ils aiment Marie-Pier.

On pensait que toute la place était prise. Qu'on était complet. Qu'on était fermé. Et voilà qu'on se rend compte qu'on en a encore pour plein de gens. De l'amour et de l'amitié. Qu'on en a à la pochetée. Comme si le grand amour faisait tout décupler.

Un an, c'est rien. Mais c'est assez pour que toute ma famille soit attachée à elle comme si elle avait toujours été là. Pour que ma mère magasine avec elle, que ma sœur lui envoie plein de courriels, pour que mon frère me demande de ses nouvelles. Comme s'ils avaient en eux un petit bout de l'amour que j'ai pour elle.

Un an, c'est rien. Mais c'est assez pour que de nouvelles douceurs deviennent des habitudes dont on ne pourrait plus se passer. Nos petits noms, nos grimaces, nos chansons, nos bonbons, nos danses joue contre joue, nos massages de pieds. Elle commence à aimer le hockey. Je commence à aimer *Un monde à part*!

Un an, c'est rien. Et pourtant, j'ai l'impression que toutes les années avant elle, ce n'était que la préface de mon livre. Que la mise en situation. Que l'histoire commence vraiment le 28 février 2005, quand on s'est embrassés. Quand on s'est trouvés. Quand on s'est gardés.

Un an, c'est rien. Mais c'est assez pour que ça fasse mal, très mal, si ça arrête un jour. Je m'en doute. La douleur de l'après est plus vive que l'ennui de l'avant. C'est le risque que l'on prend à vouloir être heureux. À vouloir être amoureux. Moi, je suis les deux depuis que j'ai serré Marie-Pier dans mes bras. Et j'aime mieux tout faire pour garder ce bonheur que de me morfondre à craindre de Le perdre. Un an heureux, c'est déjà une éternité. Que personne ne pourra m'enlever. Pas même ma Marie.

Un an, c'est rien. Mais c'est assez pour qu'un homme change. Pour que des nœuds se dénouent, que des barrières tombent, que des peurs disparaissent parce qu'il se sent aimé. Comme jamais.

Si on était mariés, un an, ce serait des noces de papier. Voilà pourquoi j'ai voulu lui offrir cette chronique, comme un « Je t'aime » en papier journal.

Je t'aime, Marie-Pier.